国家社会科学基金项目研究成果
项目批准号：12CGL098

社区小商贩
社会治理创新研究

周昕 著

She Qu Xiao Shang Fan She Hui Zhi Li Chuang Xin Yan Jiu

版权所有　翻印必究

图书在版编目（CIP）数据

社区小商贩社会治理创新研究 / 周昕著. —广州：中山大学出版社，2016.6

ISBN 978-7-306-05695-5

Ⅰ.①社… Ⅱ.①周… Ⅲ.①社区管理—研究—中国 Ⅳ.① D669.3

中国版本图书馆 CIP 数据核字（2016）第 101350 号

社区小商贩社会治理创新研究
she qu xiao shang fan she hui zhi li chuang xin yan jiu

出版人：	徐　劲
策划编辑：	陈　露
责任编辑：	吕贤谷
封面设计：	汤　丽
责任校对：	秦　夏
责任技编：	汤　丽
出版发行：	中山大学出版社
电　　话：	编辑部 020-84111996，84113349，84111997，84110779
	发行部 020-84111998，84111981，84111160
地　　址：	广州市新港西路 135 号
邮　　编：	510275　　传　真：020-84036565
网　　址：	http://www.zsup.com.cn　E-mail：zdcbs@mail.sysu.edu.cn
印　刷　者：	虎彩印艺股份有限公司
规　　格：	787mm×1092mm　1/16　14.25 印张　175 千字
版次印次：	2016 年 6 月第 1 版　2016 年 6 月第 1 次印刷
定　　价：	43.00 元

如发现本书因印装质量影响阅读，请与出版社发行部联系调换

目 录

引 言 …………………………………………………………… 1
  一、问题的提出 ……………………………………………… 1
  二、研究目的和研究意义 …………………………………… 3
  三、国内外相关理论研究综述 ……………………………… 8

第一章 社区小商贩的概念及特征 ……………………………… 19
  第一节 社区小商贩的概念 ………………………………… 19
  第二节 社区小商贩的特征 ………………………………… 22
    一、从群体数量来看，社区小商贩具有广泛性 ………… 22
    二、从主体身份来看，社区小商贩具有多元性 ………… 24
    三、从产生原因来看，社区小商贩具有复杂性 ………… 25
    四、从权利属性来看，社区小商贩具有合法性 ………… 26
    五、从就业特征来看，社区小商贩具有非正式性 ……… 28
    六、从行为动机来看，社区小商贩具有单一性 ………… 29
    七、从经营许可来看，社区小商贩具有缺失性 ………… 29
    八、从市场需求来看，社区小商贩具有迎合性 ………… 31
    九、从经营地点来看，社区小商贩具有灵活性 ………… 32
    十、从经营范围来看，社区小商贩具有多样性 ………… 32

第三节　对社区小商贩进行社会治理的原因 …………………… 33
一、是促进充分就业，保障民生福祉的客观要求 …………… 33
二、是提升治理水平，化解基层矛盾的客观要求 …………… 33
三、是维护市场秩序，实现公平竞争的客观要求 …………… 34
四、是突破管理瓶颈，建立长效机制的客观要求 …………… 35

第二章　社区小商贩的生存状态：以湖北省武汉市为例 …………… 37

第一节　对武汉市社区小商贩生存状态的调查分析 …………… 37
一、社区小商贩的从业时间 ……………………………………… 38
二、社区小商贩的从业动机 ……………………………………… 38
三、社区小商贩的经营范围及营业方式 ………………………… 39
四、影响社区小商贩生存状态的主要因素 ……………………… 40
五、政府管理对社区小商贩的影响 ……………………………… 41
六、社区小商贩是否享有社会保障 ……………………………… 42
七、社区小商贩对自身社会地位的认同 ………………………… 43
八、社区小商贩对自身权利的认同 ……………………………… 43
九、社区小商贩的民生诉求 ……………………………………… 44

第二节　武汉市社区小商贩的社会影响 ………………………… 47
一、社区小商贩的正面影响 ……………………………………… 47
二、社区小商贩的负面影响 ……………………………………… 49

第三章　当前社区小商贩管理中存在的问题 ………………………… 52

第一节　"一元化"管制思维难以适应社会发展需要 …………… 52
一、"一元化"的政府主导模式导致行政管理成本居高不下 …… 53

二、命令式的"管制"思维容易激化政府与小商贩的矛盾 …… 54

三、政府管制行为无法克服政府失灵的弊端 …… 56

第二节　社会上对社区小商贩的认识存在偏见 …… 56

一、我国自古以来就有"重农轻商"的传统 …… 57

二、近代以来的主流社会文明排斥小商贩 …… 58

三、新中国成立后小商贩的发展进一步受到遏制 …… 58

第三节　相关法律制度不完善 …… 59

第四节　守法成本过高，无照经营现象根深蒂固 …… 62

一、社区小商贩的守法成本过高 …… 63

二、行政审批手续烦琐 …… 65

三、城市化进程的负面影响 …… 66

四、小商贩故意逃避税费和监管 …… 66

第五节　政府部门协调机制不健全 …… 67

一、社区小商贩的监管部门众多，行政运行机制臃肿 …… 67

二、各部门执法权责不明晰，市场监管体制不畅 …… 69

三、行政效能低下，对社会发展缺乏回应性 …… 70

第六节　政府基层监管工作存在隐患 …… 70

一、基层工商部门的监管工作陷入进退两难困境 …… 71

二、基层城管部门压力较大，执法方式简单粗暴 …… 72

三、部分基层执法人员素质堪忧 …… 73

四、行政处罚监督乏力 …… 74

第七节　城市资源配置不合理，配套服务设施滞后 …… 75

第八节　社区居委会权责定位模糊 …… 77

一、社区居委会顾虑重重，难以有效承担治理重任 …… 77

  二、社区居委会与政府部门意见不统一 …………………… 78

  三、社区居委会的行政化倾向较为突出 …………………… 79

 第九节 现行户籍制度排斥外来小商贩 ………………………… 80

 第十节 小商贩自治组织发育缓慢 …………………………… 81

第四章 国内外治理社区小商贩的主要经验 ……………………… 83

 第一节 国内省市治理社区小商贩的主要经验 ………………… 83

  一、武汉经验：依托基层社区，推行"一照式"备案 ……… 83

  二、广州经验：设立商贩中心，划地集中管理 …………… 88

  三、北京经验：坚持以人为本，实现疏堵结合 …………… 91

  四、吉林经验：豁免工商登记，消除准入限制 …………… 94

  五、湖南经验：规范登记制度，简化登记流程 …………… 95

  六、上海经验：设置临时摊点，彰显灵活机动 …………… 97

  七、温州经验：探索"商贩自治"，实现自我管理 ………… 99

  八、宜昌经验：创新治理手段，细化监管措施 …………… 102

  九、济南经验：绘制"便民地图"，贴近民生需求 ………… 105

  十、日照经验：畅通对话渠道，倡导官民共治 …………… 106

  十一、西安经验：设立巡回法庭，及时定纷止争 ………… 107

 第二节 香港、台湾地区治理社区小商贩的主要经验 …………… 108

  一、香港经验：实行持牌管理，建立伙伴关系 …………… 108

  二、台北经验：鼓励摊贩自治，宽容而不纵容 …………… 111

 第三节 国外城市治理社区小商贩的主要经验 ………………… 113

  一、纽约经验：部门各负其责，管理手段严格 …………… 113

  二、巴黎经验：发展特色市场，打造城市品牌 …………… 116

三、马德里经验：简化经营手续，享受社会保障 …………… 117

　　四、悉尼经验：管理工作细致，配套设施齐全 ……………… 118

　　五、墨西哥城经验：申领执照简便，逃税制裁严厉 ………… 119

　　六、新加坡经验：建立小贩中心，吸引小贩入驻 …………… 119

　　七、曼谷经验：重视商贩权利，奉行柔性执法 ……………… 121

　　八、东京经验：法律制度健全，违法制裁严厉 ……………… 122

　　九、首尔经验：城市分区管理，推行商贩自治 ……………… 122

　第四节　对国内外治理社区小商贩主要经验的总结 ………… 124

　　一、治理思路应以维护人权、保障民生为出发点 …………… 124

　　二、坚持服务型政府导向，体现公共服务价值 ……………… 125

　　三、工商和城管部门在小商贩治理中发挥关键作用 ………… 126

　　四、将社区打造成小商贩治理的基层平台 …………………… 127

　　五、注重发挥小商贩自治组织的功能 ………………………… 127

第五章　社会治理创新背景下的社区小商贩治理模式 ……… 129

　第一节　理念的飞跃：从社会管理到社会治理创新 ………… 129

　　一、社会管理的基本理论 ……………………………………… 129

　　二、从社会管理到社会治理创新的飞跃 ……………………… 130

　　三、社会治理创新对社区小商贩治理工作的指导意义 ……… 135

　第二节　社区小商贩社会治理创新的主要模式 ……………… 138

　　一、对现有四种小商贩管理模式的分析与评价 ……………… 138

　　二、彰显基层特色，构建社区小商贩"三位一体"社会治理模式 … 146

第六章　社区小商贩"三位一体"社会治理模式的具体路径 …… 156

　第一节　完善小商贩法律制度，坚持依法开展治理 ………… 157

一、通过立法明确小商贩的商主体地位 …………… 157
　　二、通过立法重点加强对餐饮业小商贩的监督管理 …… 160
　　三、通过立法切实维护小商贩的就业权利 …………… 162
第二节　创新政府治理机制，提升公共服务水平 ………… 164
　　一、政府出面统筹协调，上下联动综合治理 ………… 164
　　二、创新工商监管机制，破解无照经营难题 ………… 170
　　三、优化城管执法手段，以人为本宽严相济 ………… 175
　　四、合理配置城市资源，健全市场服务设施 ………… 182
　　五、关注商贩民生福祉，完善就业保障机制 ………… 185
　　六、推进户籍制度改革，维护外来商贩权益 ………… 188
第三节　激活社区治理功能，搭建社区就业平台 ………… 190
　　一、社区治理的概念与内涵 …………………………… 190
　　二、明确社区治理权责范围，彰显居委会主体地位 … 191
　　三、发挥社区服务中心功能，搭建社区就业平台 …… 195
　　四、完善日常监管工作机制，实现社区精细化管理 … 198
第四节　培育小商贩自治组织，发挥自我管理功能 ……… 200
　　一、小商贩自治组织的特征 …………………………… 201
　　二、发展小商贩自治组织的具体路径 ………………… 203
第五节　广泛开展宣传引导，营造良好社会氛围 ………… 206

参考文献 …………………………………………………… 208
　　一、中文文献 …………………………………………… 208
　　二、外文文献 …………………………………………… 218

引　言

一、问题的提出

小商贩在我国有着悠久的历史。《史记》有云："古人未有市，若朝聚井汲水，便将货物于井边货卖，古言市井。"[①]在春秋时期，那些走街串巷、沿街叫卖的小商贩在市井百态中扮演着重要角色，属于社会阶层"士农工商"四民之一。北宋著名画家张择端在传世名画《清明上河图》中，详细描绘了都城汴京形形色色的小商贩攘来熙往的繁华胜景。随着社会发展和城市化进程加快，以一定地域为范围、以一定人群为基础形成的社会共同体——社区迅速发展壮大，日益成为社会治理的重要领域。而以社区为主要营业地点，依托社区开展日常经营活动的小商贩也逐渐发展成为重要的商贩群体。他们所销售的商品和提供的服务主要满足居民日常消费需求，成为城市社区生活中一道独特的风景线。时至今日，社区小商贩群体日益庞大。据有关部门统计，广州市多达30万，武汉市约有12万之众。社区小商贩有其存在的必要性和合理性，满足了群众消费需求，繁荣了社区经济，但也带来了占道经营、油烟扰民、扰乱市场秩序、影响社会治安等一

[①] ［汉］司马迁：《史记·平准书》，韩兆琦评注，岳麓书社2004年版，第456页。

系列社会问题。

中共十八届五中全会提出了创新发展、协调发展、共享发展的理念。当前，我国正处于社会转型期和全面深化改革的攻坚期，由于社会分层和利益分化加剧，导致各类社会利益冲突不断累积；一旦处置不当，就容易造成矛盾激化，影响到社会和谐稳定的大局。社区小商贩虽然只是社会治理中的"微话题"，却对社会治理体系和治理能力提出了更高要求。从现实情况来看，政府为了达到城市管理和市场管理的目标，针对社区小商贩采取围追堵截、罚没取缔等强制措施，管理效果并不理想。不仅未能有效消除小商贩造成的负面影响，简单、粗暴的执法方式反而加剧了管理者与被管理对象之间的冲突，引发了社会的深切关注。

有鉴于此，只有加大社区小商贩社会治理力度，不断创新社会治理路径，构建社会治理长效机制，实现民主治理、科学治理、协同治理，才能引导社区小商贩趋利避害、有序竞争、健康发展。这既有利于保障小商贩的民生福祉，保护消费者权益；也有利于维护市场秩序、降低政府管理成本；还有利于营造稳定、和谐的社区治理环境，形成互动共赢的良好局面。

本书以调查分析和实证研究为基础，深入武汉三镇11个社区进行走访调研，开展问卷调查，并重点针对武汉、广州和北京三地的社区小商贩治理模式进行深入分析，对具有代表性的国内35个省市（地区）、国外9个城市的具体做法及治理经验进行比较研究，立足我国城市化进程中小商贩治理工作存在的突出问题，比较借鉴国内外治理经验，探讨转型期基层社会治理创新的价值指向，分析社区小商贩社会治理创新的指导思想、主要内容和社区小商贩"三位一体"社会治理模式的具体路径，进而为提高政府公共服务水平、推动社会多元治理提供建议和参考。

二、研究目的和研究意义

（一）研究目的

认真梳理近年来国内外相关理论研究的主要观点，在调查分析和实证研究的基础上，将社区小商贩置于社会治理创新语境下进行理论解读和应用研究，对社区小商贩社会治理创新的具体内涵、价值指向、基本模式和主要内容进行系统论证。完整地提出了社区小商贩社会治理创新的制度框架和具体实施路径，反映了社会变迁与城市化进程对基层社会治理创新的时代需求，丰富了社会治理理论体系，综合运用多种学科理论和研究方法，拓展了本领域的研究视角。

（二）研究意义

当前我国正处于社会转型期，社会分层和利益分化加剧，导致各类社会利益冲突不断累积。一旦处置不当，就容易造成矛盾激化，影响到社会和谐稳定的大局。社区小商贩虽然只是社会治理体系中的"微话题"，却事关人民群众的切身利益，事关基层社区的繁荣稳定，与提升政府治理水平、健全城市治理体系、增强社区治理能力等目标紧密契合。

从现实情况来看，在计划经济时代，政府习惯于凭借行政命令和强制手段管理小商贩，群众也习惯于服从命令，较少出现激烈的对抗、冲突。在社会结构发生重大变化、社会分层和群体化趋势日益明显、社会利益冲突不断累积的社会转型期，政府为了达到城市管理和市场管理的目标，针对社区小商贩采取围追堵截、罚没取缔等强制措施，管理效果并不理想。不仅未能有效消除小商贩造成的负面影响，简单、粗暴的执法方式反而加剧了管理者与被管理对象之间的冲突，引发了社会的深切关注。时至今日，小商贩治理问题已经成为当代中国基层社会治理实践中不同阶层、不同群体之间利益博弈的现实难题,必然会经历从利益表达、利益碰撞、利益冲突到协商民主、达成共识,再到利益妥协和多元治理的公共选择过程。由此可见,对社区小商贩社会治理创新进行研究,能够以小见大,发挥"一叶知秋"的效用,针对当前我国基层社会治理创新的指导思想、发展规律、具体内容和主要路径提出对策和建议,具有一定的理论意义和现实意义。

1. 理论意义

首先,从法学视角来看,社区小商贩的经营活动与宪法所保障的公民劳动权密切相关。中共十八届四中全会《全面推进依法治国若干重大问题的决定》明确提出:"依法治国首先是依宪治国。"《中华人民共和国宪法》第四十二条规定:"公民有劳动的权利和义务。国家通过各种途径,创造劳动就业条件,加强劳动保护,改善劳动条件,提高劳动报酬和福利待遇。"联合国《经济、社会和文化权利公约》第六条规定:"人人应有机会凭其自由选择和接受的工作来谋生的权利。"根据上述法治精神,在依法治国的前提下,公民有从事经济活动和选择职业的自由;除对国家和社会有害的活动应予取缔或禁止外,政府有权对经济活动进行调控和管理,但无权限制、取缔或禁止。因此,保障公民就业既是公民劳动权的直接表现,也是一项重要的基本人权,政府有责任和义务帮助公民实现充分就业;对于作为社会弱势群体的社区小商贩而言,政府更应该保障其从事正常经营活动的劳动权利。

其次,从经济学视角来看,传统经济学理论认为小商贩的经营模式过于分散化,经营方式单一,缺乏规模效益且经营效率低下,属于典型的边缘性经济活动,是落后的"简单商品经济"(Simple Commodity Economy)或"小商品经济"(Small Commodity Economy)的标志。随着对市场经济

引 言

发展规律的认识逐步深化，越来越多的学者开始关注社区小商贩对于繁荣市场经济和平衡市场供需结构的积极意义。日本经济学家青木昌彦主张城市发展应具有多样性，小商贩也是城市多样性的组成部分，因为"一些不入流的经济形式，却是多姿多彩的经济马赛克"，① 作为非正式就业部门的代表，社区小商贩群体是对正式就业部门的有益补充，其灵活机动的经营方式有效弥补了正式就业部门的短板，能够更加科学地识别并满足消费者差异化的需求，促进市场资源的合理流动与优化配置，帮助市场经济实现帕累托最优。

再次，从公共管理学视角来看，根据公共管理的均衡性原则，社区小商贩是基于满足特定社会需求而产生的；而社会需求本身就具有存在的合理性。在公共管理中既要考虑到这些需求的合理性，也要注重这些需求之间的协调性；制定公共政策必须充分考虑到社会利益和就业机会分配的相对均衡，才能实现公共管理的高效率。根据公共管理的服务性原则，服务是公共管理的内核和基础，人的需要及其满足才是公共管理活动的终极目标。公共管理的目的不是向社会、企业和公众提供价值，而是为他们追求和实现自身价值创造良好的条件；对社区小商贩进行治理的公共物品特性决定了政府提供服务的必然性。在公共管理过程中，政府应对小商贩的生存与发展给予充分理解和支持，体现出社会治理对不同利益主体的包容性。有鉴于此，政府治理社区小商贩的思路应侧重于实现"三个平衡"，即促进经济发展与社会稳定和谐之间的平衡；维护市场秩序与保障小商贩权益之间的平衡；规范治理规则与提高治理效率之间的平衡；进而实现从政府"管理"到"治理"，再到"善治"的价值目标。

---

① 李龙：《就业平等是城乡协调的关键》，载《广州日报》2007年2月27日。

2. 实践意义

保障和改善民生,是社会治理创新的根本出发点和归宿。据2011年全国第六次人口普查数据显示,中国城镇居住人口接近6.6亿,城镇化率达49.7%,① 全国近一半的人口以社区为居住单位,意味着中国正全面进入"社区化时代",保障社区民生、促进社区和谐、维护社区稳定的重要性日益彰显。而备受群众关注的社区小商贩社会治理问题,就是在这一时代背景下产生的民意聚焦。

首先,从社区小商贩从业人员的身份来看,农民工、下岗职工、残疾人等社会弱势群体和少数民族商贩占较大比例。随着我国城市化进程加快,大量农村剩余劳动力开始涌入城市。中国社会科学院于2011年8月3日发布的《中国城市发展报告》将"农民工市民化进程缓慢"列为当前中国八大民生难题之首,充分说明农民工进城后的就业困境十分突出。他们大多文化程度偏低,无技术、无资本,很难进入正式部门就业,只能从事街头巷尾流动经营、露天市场卖菜等市场门槛较低的行业。随着国有企业改制进一步深入,大批下岗职工迫于生计而"下海"做小买卖,从事简单的商品经营和社会服务,也构成了社区小商贩的新生力量。此外,部分残疾人因为行动不便,又缺乏专业谋生技能,只能依托于社区周边等出行便利的地方摆摊设点;而部分少数民族小商贩也习惯于在人群密集的社区公共空间,利用小推车经营民族特色小商品或特色食品。由于社区小商贩经营成本小、见效快,对资金和技术的依赖程度低,无纳税压力,在社区摆摊设点获流动经营便成为不少社会弱势群体的主要谋生方式。上述原因,使得社区小商贩的数量随着社区规模扩大而迅速增加,形成了城市社会分层中的一个特殊群体。

---

① 《第六次全国人口普查主要数据公报》,来源于中央人民政府网站: http://www.gov.cn/test/2012-04/20/content_2118413.htm,2014-01-03.

引 言

其次，随着城市化进程加快，大量新建社区和城郊结合部的"村改居"（农村村民集体转户成为城市居民）、"插花地"（两个城区之间没有明确归属的区域）社区如雨后春笋般出现。而方便群众就近购买日常消费品的集贸市场、小贩中心、便民服务点等社区基础设施规划不合理、建设滞后、交通不便利、配套不完善等问题十分突出，加剧了"供"与"求"之间的矛盾。在小商贩群体不断扩张而城市空间资源相对稀缺的情况下，大量小商贩只能散布到街头巷尾和社区各个角落从事流动经营。由于缺乏有效的规范管理和监督制约手段，小商贩非法经营、无序经营、占道经营等现象较为突出，导致破坏公共卫生、污染社区环境、阻塞道路交通、造成消防隐患、扰乱市场秩序等一系列问题层出不穷，引起了社会公众不满，也损害了城市文明的整体形象。为消除小商贩的负面影响，自计划经济时代起盛行的"管制思维"得到了一些地方政府的青睐。有的城市为实现市容整治目的，采取高压手段，强行取缔摆摊设点，轰赶驱散小商贩，反而激化了社会矛盾，甚至引发对抗、冲突，导致大规模群体性事件。2004年重庆"万州事件"就是一起因小商贩引发大规模群体性事件的典型案例。① 由此可见，简单、粗暴的"管制思维"缺乏人文关怀，忽略了社会弱势群体的利益诉求，未能建立起必要的社会矛盾协调机制，容易造成政府与小商贩之间的尖锐对立；而缺乏其他社会力量共同参与，由政府包揽独办的"一元化"管理模式往往需要政府付出高昂的管理成本，既不具有民主性，也不具有效率性。

最后，在全面推进依法治国、实现国家治理体系和治理能力现代化的新时期，政府对社区小商贩的一举一动，势必会引发全社会的深切关注，影响到社会和谐稳定的大局。有鉴于此，必须不断创新社会治理理念、社

---

① 2004年10月18日，重庆市万州区一临时工冒充公务员殴打收废品的拾荒匠，引发了一起影响极为严重的群体性事件，被称为"万州事件"。

会治理模式和社会治理手段，在保障小商贩就业权利和维护城市公共利益之间实现动态的有机平衡。一方面，社区小商贩迫切需要不断拓展生存发展的空间，保障民生理应是维系社会利益平衡的底线；不能因政府管理的便利而挤压小商贩的生存空间、侵犯小商贩的就业权利。另一方面，政府应从扩大社会就业、维护社会稳定的高度，积极搭建渠道丰富、覆盖面广的基层就业平台，提供人性化的管理和服务，帮助社区小商贩正确融入城市和社区，引导其健康发展。

三、国内外相关理论研究综述

（一）国外相关理论研究综述

1. 对小商贩的"非正式性"就业特征进行研究

Will Buckingham 将"非正式领域"（Informal Field）纳入小商贩研究视域，认为"非正式领域"专指不受正式监管控制的部分，通常与地下经济相关联。① Bromley Ray 认为"非正式性"是小商贩群体的共性，应将小商贩视为职业性群体，将小商贩在街头摆摊的行为视为一种"标准职业"。只有系统研究城市经济中的非正式性领域，才能准确揭示非正式性作为小商贩职业属性的本质特征。② Dey 和 Dasgupta 将"非正式领域"与全球化背景相融合，通过对印度加尔各答小商贩的调查研究，认为城市的"正式领域"就业容纳性低与偏远地区缺乏就业机会两个因素相结合，共同造成"非正式领域"的就业规模不断扩大，小商贩数量不断增加。③ 此外，Nakanishi

---

① Chan Kam Wing and Will Buckingham: Is China Abolishing the Hukou System ? The China Quarterly, 2008.

② Bromley Ray: Street Vending and Public Policy: a Global Review.International Journal of Sociology and Social Policy, 2000（20）.

③ Dipankar Dey and Subhendu Dasgupta: Integration of an Informal Economy with the Globalization Process: a Study on Street Hawkers of Kolkata, 2010.

引　言

Torn①、Pena Sergio②、Lawrence 和 Castro③等学者运用"非正式领域"理论分别对菲律宾的马尼拉、墨西哥城和厄瓜多尔等地小商贩进行案例研究，认为小商贩对于城市经济具有边际效应递减趋势。Brata 以印度尼西亚日惹市为案例，对"非正式领域"的从业风险进行论证，认为小商贩的从业风险远比一般职业更高。④

2. 对小商贩的作用进行研究

Luise Weiss 认为小商贩能够满足差异化的消费需求，有效弥补规模经济要素短缺。⑤Sharit Bhowmik 认为政府对小商贩就业权利的剥夺，是导致小商贩经营风险高的重要原因。⑥Yeung Y.M.通过对吉隆坡、雅加达、马六甲等多个东南亚城市的调查研究，认为小商贩的经营活动繁荣了小商品经济，带动了区域经济增长，有利于低收入群体自谋职业，是城市商品流通体系的活跃因素，应将小商贩纳入城市经济体系中的零售业范畴；与此同时，小商贩的经营活动也具有负外部性，例如不正当竞争、破坏环境卫生、逃避政府税收等问题。⑦Yasmeen Gisele 研究了东南亚地区在金融危机冲击下，自主经营的小商贩能够实现自然增长，充分缓解社

---

① Nakanishi Torn: The Market in the Urban Informal Sector: a Case Study in Metro Manila, The Philippines. The Developing Economies, 1990 (28).

② Pena Sergio: Informal Markets: Street Vendors in Mexico City. Habitat International, 1999 (23).

③ Lawrenoe P.G. and Castro San: Government Intervention in Street Vending Activities in Guayaquil. Ecuador: a Case Study of Vendors in the Municipal Markets. Problemas del Desarrollo, 2009.

④ Brata A.G.: Vulnerability of Urban Informal Sector: Street Vendors in Yogyakarta, Indonesia. MPRA Paper, 2008.

⑤ Luise Weiss: Small Business and the Public Library: Strategies for a Successful Partnership, Amer Library Assn Editions, 2011.

⑥ Sharit Bhowmik: Street Vendors and the Global Urban Economy. Rutledge Publishing, 2009.

⑦ Yeung Y.M. and McGee T.G.: Hawkers in Southeast Asian Cities: Planning for the Bazaar Economy. International Development Research Center (Ottawa), 1997.

会就业压力。① Bhowik 对孟加拉国、斯里兰卡、越南、柬埔寨、尼泊尔等国家的小商贩群体进行调查，认为小商贩数量激增的原因在于当地经济模式落后，欠发达国家的小商贩人数占总就业人口的比重往往较高。② Geertz 运用"集市经济"模型分析小商贩的经营性质，认为"集市经济"阻碍了商业流通的完整性，是落后、低效率的经济形态。③ Anjaria 在对印度孟买小商贩的案例研究中指出，大量农村移民造成小商贩无序扩张；而这股移民潮带来的负面作用正在逐步瓦解城市秩序。与此同时，小商贩经常被城市排斥，很难融入主流社会。④

3. 对小商贩的治理政策进行研究

John Cross 认为政府管理小商贩应遵循"善治"导向，彰显公共政策的宽容性。⑤ MeGee T.G. 认为小商贩处于城市经济模型的最底层，其经营活动具有非资本密集型行业的特征；政府制定和实施任何有关小商贩的治理政策，必须经过理性化考虑，而不能简单开展"清除行动"。⑥ Illy H.F. 提出小商贩具有逃避政府日常管理的"无责任化"倾向，导致治理政策制定与实施不协调。⑦ Smart Josephine 实地调查了香港瑞和街官方划定的小贩

---

① Yasmeen Gisele: Stockbrokers Turned Sandwich Vendors: the Economic Crisis and Small-Scale food Retailing in Southeast Asia. Geoforum, 2001（32）.

② Bhowik: Street Vendors in Asia: a Review. Economic and Political Weekly, 2005.

③ Geertz Clifford: Peddlers and Princes: Social Change and Economic Modernization in Two Indonesian Towns, Chicago: The University of Chicago Press, 1963.

④ Anjaria J.S.: Street Hawkers and Public Space in Mumbai. Economic and Political Weekly, 2006（5）.

⑤ John Cross: Street Entrepreneur: People, Place & Politics in Local and Global Perspective. Rutledge, 2007.

⑥ McGee T.G.: Hawkers in Hong Kong: A Study of Planning and Policy in a Third World City [M]. Hong Kong: Center of Asian Studies, University of Hong Kong, 1973.

⑦ Illy H.F.: Regulation and Evasion: Street vendors in Manila. Policy Sciences, 1986（19）.

特别经营区域，认为政府治理手段缺乏灵活性，没有将固定经营和流动经营的小贩区别对待。① Cohen Monique 从性别歧视角度对街头从事食品制作、贩卖的女性小商贩进行个案研究，认为政府治理小商贩应充分避免性别就业歧视。② Rogerson 从反种族隔离主义的角度出发，研究了南非约翰内斯堡的黑人小商贩遭受政府种族歧视的问题。③

4. 对小商贩自治组织进行研究

Kamunyori 认为零散的小商贩个体难以主张和维护自身权利。只有充分整合群体利益和行业资源，才能赢得与政府平等协商对话的机会。④ Regina Austin 对美国近 50 年来小商贩组织的发展演变进行研究，认为小商贩为扭转弱势地位，自发组成行业自治联盟，借助自治组织的力量与政府进行博弈和对话。由纽约街头的黑人商贩群体发展而来的小商贩协会具有较强的自律性功能，逐渐形成了独具特色的行业文化和行业规范。例如，纽约市哈雷姆第 125 街的小商贩协会配合政府对小商贩进行管理，通过指定经营地点、规范经营章程，减少小商贩带来的负面影响。⑤

5. 对小商贩权益进行研究

Lindell 和 Appedlblad 建议小商贩在政府管制的权力转移过程中，应

---

① Smart Josephine: The impact of Government Policy on Hawkers: a Study of the Effects of Establishing a Hawker Permitted Place. Asian Journal of Public Administration, 1986.

② Cohen Monique: Women and the Urban Street food Trade: Some implications for Policy. Working Paper No.55, 1986.

③ Rogerson C. M.: The Underdevelopment of the informal Sector: Street Hawking in Johannesburg, South Africa. Crban Geography, 1988 (9).

④ Shelia Wanjiru Kamunyori: A Growing Space for Dialogue: the Case of Street Vending in Nairobi's Central Business District. Submitted for the Degree of Master in City Planning at the Massachusetts Institute of Technology, 2007.

⑤ Regina Austin: An Honest Living: Street Vendors, Municipal Regulation and the Black Public Sphere. The Yale Law Journal, 1994 (10).

注意防范谈判空间被削弱，不断扩大就业权利合法化的呼声。①Kathuria 和 Sterner 认为，与小商贩利益相关者之间可以通过信息整合、共享公共物品等方式促进小商贩认识自身权利，共同遵守法律法规。② 此外，还有学者深入探讨了与小商贩权益休戚相关的其他社会问题，例如 Staudt 和 Donovan 等研究了小商贩占道经营行为所引发的城市空间资源使用权问题；③ Muraya 认为制定城市规划时应考虑到小商贩谋求生计，预先为小商贩保留经营场所。④

综上所述，国外相关理论研究具有如下特点：

首先，以小商贩的"非正式性"就业特征为基础，深入讨论了小商贩的本质特征及作用，逐渐形成了以小商贩的身份认同和权益诉求为核心的理论研究体系。其次，以案例研究法和典型推广法为主要研究方法，系统地分析了发达国家、发展中国家和欠发达国家小商贩的发展现状与治理政策，尤其是对亚非拉等发展中国家和地区的个案研究较为深入。再次，从促进城市多样性发展的角度，强调发展小商贩经济的重要意义；从政府治理的角度，强调有序引导小商贩自治组织健康成长，发挥行业规模的整体效应。最后，研究视角呈现多元化趋势，综合运用经济学、公共管理学、政治学和社会学等多个学科，从不同视域分析小商贩治理的发展规律。

---

① Lindell lld and Jenny Appelblad: Disabling Governance: Privatization of City Markets and Implications for Vendors' Associations in Kampala, Habitat International, 2009 (33).

② Vinish Kathuria and Tomas sterner: Monitoring and enforcement: Is two-tier regulation robust？A case study of Ankles war, India. Ecological Economies, 2006 (57).

③ Donovan M.G.: Informal Cities and the Contestation of Public Space: the Case of Bogota Street Vendors 1988-2003. Crban Study, 2008 (45).

④ Mnraya W.K.: Urban Planning and Small-Scale Enterprises in Nairobi, Kenya. Habitat International, 2006 (30).

引 言

(二) 国内相关理论研究综述

相比国外,国内对社区小商贩的理论研究起步较晚,近十年才逐渐引起学术界的关注,且研究成果主要集中在治理对策层面。

1. 对小商贩的性质和作用进行研究

李建伟从小商贩经营合法化角度出发,提出应将小商贩定性为"商个人",并以此为依据重构我国的商个人法律体系。① 杨滔认为小商贩使城市更加具有生活化气息,对市场经济具有积极意义。② 王洋通过采取多阶段随机抽样调查,认为小商贩的存在具有必然性。城市规模越大,市民对小商贩的依赖性就越强,小商贩的作用就越突出。③ 王征认为小商贩属于"市井经济",提出"市井经济"应与都市经济相辅相成,共同发展。④

2. 对政府治理思路进行研究

吕晓东以"善治下的城市民生"为主题,认为小商贩治理思路应实现维护市容与保障民生平衡发展,从"善治"角度提出政府与社区合作的治理方式。⑤ 陈立兵认为政府应高度重视小商贩的自雇就业权利,从保障弱势群体民生的角度规范、引导其发展。⑥ 王小华认为政府管理小商贩存在粗、冷、硬等弊端,造成社会矛盾激化,应实现从管理向服务的观念转变。⑦

---

① 李建伟:《从小商贩的合法化途径看我国商个人体系的建构》,载《中国政法大学学报》2010年第6期。
② 杨滔:《北京街头零散商摊空间初探》,载《华中建筑》2003年第6期。
③ 王洋:《城市小摊贩,宜"疏"不宜"堵"》,载《市场研究》2008年第5期。
④ 王征:《都市里地摊何去何从?》,载《走向世界》2014年第10期。
⑤ 吕晓东:《城市民生与小商贩治理思路》,载《上饶师范学院学报》2007年第4期。
⑥ 陈立兵:《弱势群体的自雇就业权利与提升城市治理水平》,载《中国行政管理》2010年第2期。
⑦ 王小华:《目前小商贩管理过程中存在的问题及解决对策》,载《现代经济信息》2011年第11期。

王亚新运用公共选择理论对小商贩治理思路进行分析,认为破解小商贩管理难题,根本在于构建面向弱势群体的社会保障机制。[1]史玉方认为"协商式治理"是重构城管执法模式的核心思想,强调以协商为基础,实现官与民的沟通交流。[2]黄勇和苗力提出"城市空间失范"概念,将城管和摊贩的"猫鼠大战"定性为社会行为失调,是由于社会规范缺失所造成。[3]吴华认为城管暴力执法和小商贩暴力抗法的原因在于管理对象具有特殊性,需要在政府和小商贩之间寻找利益平衡点。[4]陈文超提出政府应转变管理理念,从小商贩的"经济人"身份出发,时刻关注社会弱势群体的生存权。[5]吴佳丽认为小商贩"一哭二闹三躺倒"式的抵抗是一种无奈选择,政府应通过柔性执法、加强内部控制等方式积极应对,避免"运动式执法"。[6]赵英军和黄华侨从产权经济学角度研究小商贩治理问题,认为将街头巷尾交给小商贩当作经营场所会产生"帕累托效应"。通过小商贩合法化,赋予小商贩稳定的道路产权,有利于消除负面作用。[7]黄勇和苗力认为城市规划工作忽视了多元利益主体的存在。为解决这一问题,在城市规划中应充分体现各方利益集团和社会成员的诉求,实现良性互动。[8]刘智仁、徐

---

[1] 王亚新:《公共选择视角下的城市流动商贩管理》,载《当代经济管理》2009年第8期。

[2] 史玉方:《基于"两暴"现象的城市小摊贩治理模式的研究》,载《承德民族师专学报》2010年第6期。

[3] 黄勇、苗力:《城市空间失范素描》,载《规划师》2011年第2期。

[4] 吴华:《促进"和谐城管"的利益平衡分析——以流动摊贩管理为例》,2008年复旦大学硕士学位论文。

[5] 陈文超:《活路:社会弱势群体成员的生存逻辑——以与城管博弈的小商贩为例》,载《云南民族大学学报》2008年第1期。

[6] 吴佳丽:《当权力遭遇弱者:城市流动摊贩治理中的行为逻辑——基于11市城管执法支队的个案分析》,2009年南京理工大学硕士学位论文。

[7] 赵英军、黄华侨:《地摊背后的博弈》,载《商业经济与管理》2000年第10期。

[8] 黄勇、苗力:《城市空间失范素描》,载《规划师》2001年第2期。

炯提出城管部门必须遵循行政处罚的正当程序，注重执法人性化，与小商贩构建平等对话、协商调解的机制，才是解决矛盾问题的关键。① 宁志超认为执法部门应将帮助小商贩解决实际困难放在第一位，然后再考虑解决市容环境等问题。②

3. 对小商贩多元化治理格局进行研究

张国庆认为我国对小商贩的管理仍然是政府单一主体挑大梁，应建立起由政府、社会团体、小商贩组织、市民共同参与的多元治理模式。③ 赵天宇和程文认为政府应采取居民社区、政府部门、开发商等多方参与、共同管理的方式治理小商贩。鼓励社区居民积极参与和监督流动小商贩，让居民拥有对市场环境及经营模式的否决权。④ 王翼提出运用"市民许可制"管理小商贩。由小商贩向政府部门提出设摊申请，由管理部门和附近居民共同决定经营位置，共同承担经营地点的卫生保洁工作。⑤

4. 对小商贩自治组织进行研究

刘晔和胡位钧认为，政府应着力构建社会自律机制，扩大社会自治范围，大力发展行业协会，逐步形成行业规范与行业自律。⑥ 黄文芳认为在国家层面针对小商贩的负外部性进行严格管理与执法；在社区层面倡导小

---

① 刘智仁、徐炯：《城管执法难的法律根源及其路径创新》，载《城市管理理论探讨》2011年第6期。
② 宁志超：《以和谐理念指导城市管理行政执法的思考和实践》，载《上海市容》2005年第6期。
③ 张国平、章灿钢：《城市流动摊贩管理：治理模式的转与实现条件》，载《晋阳学刊》2008年第5期。
④ 赵天宇、程文：《哈尔滨城市社区农贸市场的环境行为研究》，载《哈尔滨工业大学学报》2004年第4期。
⑤ 王翼：《上海城市管理综合执法改革透视》，载《城市管理》2005年第10期。
⑥ 刘晔、胡位钧：《城市行政执法问题研究：以上海为例》，载《中共福建省委党校学报》2005年第3期。

商贩自我管理更为有效。[1]徐善登认为必须充分激励城市相关利益者参与治理,鼓励建立小商贩自治组织,抑制社会矛盾冲突。[2]张英魁、刘兴鹏认为根治小商贩要从体制上着手,必须重视目标群体的广泛参与功能,通过成立商贩自治组织,在政策主体与目标群体之间形成良性互动机制。[3]杨介聪以温州市"小贩公司"为例,探讨通过市场途径实行小商贩自我管理,并提出小商贩组织是促成利益平衡和信息对称行之有效的途径,要进一步完善小商贩组织化和自我管理的运行机制以及弱势群体利益的表达机制。[4]王洛忠、刘金发和宗菊提出组建小商贩行业协会,选举代表履职尽责,建立畅通的公共决策回应机制。[5]

5. 对小商贩具体治理措施进行研究

张玉磊认为政府应合理利用社会公共资源,加大就业扶持,为小商贩提供培训和技术指导,提供小额贷款,引导其发展壮大。[6]杨滔认为应针对小商贩的特点进行城市规划,确保其发展空间,将小商贩与城市环境结合起来,营造独特的街头风景。[7]林琳认为缩减弱势群体规模是减少小商贩数量的重要途径;政府通过采取购买公益性就业岗位、实行就业补贴等

---

[1] 黄文芳:《试论摊贩管理中的治理与包容》,载《环境卫生工程》2008年第4期。
[2] 徐善登:《城管形象重塑的治理之维——一种有限治理的视角》,载《消费导刊》2011年第1期。
[3] 张英魁、刘兴鹏:《城乡二元结构视阈中城市流动商贩的治理》,载《行政论坛》2009年第4期。
[4] 杨介聪:《城贩组织化及其自我管理问题研究——以"温州摊贩公司"为例》,2009年复旦大学硕士学位论文。
[5] 王洛忠、刘金发、宗菊:《城市街头摊贩:非正规就业与公共政策回应》,载《新视野》2006年第2期。
[6] 张玉磊:《非政府组织参与城管执法的意义与现实障碍》,载《城管天地》2009年第1期。
[7] 杨滔:《北京街头零散商摊空间初探》,载《华中建筑》2003年第6期。

政策，开发更多的就业机会，消除劳动力市场的结构性矛盾。[1]黄耿志以广州青年社区小商贩疏导区为例，认为政府投资的疏导区一般设立在位置偏远、人流量小的地方，导致小商贩失去了在闹市经营的优势；以空间疏导模式治理小商贩必须充分考虑到小商贩的经营习惯。[2]潘登科、张蕾提出了类似于机动车驾照管理的"十二分考核法"，为小商贩建立违章档案，实行累计扣分制，重点打击屡教不改、多次违规的小商贩。[3]

综上所述，国内相关理论研究虽然起步较晚，但仍然取得了一定成果。主要观点集中在小商贩存在的必然性、治理小商贩的基本思路和具体治理对策上。

首先，认为小商贩群体的存在具有客观必然性，是对市场经济的有益补充，弥补了城市发展的"短板"。其次，提出了具有时代特征的治理思路。强调改变由政府包揽独办的管理模式，建立多元化的治理格局，摒弃"生冷硬"的执法方式，在执法手段上更加彰显人性化。最后，提出了具有操作性的治理措施。以促进经济发展和维护社会稳定为目的，提出优化城市规划布局、成立小商贩疏导区、健全小商贩自治组织、扩大就业扶持力度、实行精细化管理等完善措施。

（三）对现有研究成果的评价

上述成果从不同层面将小商贩纳入理论视野进行考察，从小商贩的性质、地位、作用、治理原则和治理措施等方面进行论证，丰富了社会治理创新理论体系，为进一步研究奠定了基础。具体而言，现有成果的不足主

---

[1] 林琳、马飞、周子廉等：《城市"走鬼"现象的特征与评析——以广州新港W路为例》，载《城市问题》2006年第2期。

[2] 黄耿志、李天娇、薛德升：《包容还是新的排斥？——城市流动摊贩空间引导效应与规划研究》，载《规划师》2012年第8期。

[3] 潘登科、张蕾：《流动商贩治理模式研究》，载《首都经济贸易大学学报》2010年第3期。

要表现在以下方面。

一是对社区小商贩的界定缺乏系统论证。有学者将小商贩与"流动商贩"相混淆；有学者认为具有营业执照、规模较小的个体工商户也属于小商贩。然而，从我国香港、台湾地区及国外立法经验来看，小商贩大多被界定为从事固定或流动经营且没有取得合法经营资格者，区别于普通的商贩群体。

二是对小商贩治理难究竟"难"在何处缺乏深入研究。较少涉及治理工作的核心问题：小商贩法定从业资格的缺失。正是因为"无照经营"问题普遍存在，使得社区小商贩的就业权益得不到法律保障，甚至陷入"越罚越乱，越乱越罚"的怪圈。

三是重视宏观层面的国家政策环境，忽视微观层面的基层治理环境。缺乏从城市治理与基层社区治理的实践经验出发，将社区小商贩社会治理创新的基础理论和应用研究相结合的成果，没有针对当前治理社区小商贩面临的突出问题和制度瓶颈进行系统分析，对社区小商贩治理模式和具体实施路径的研究缺乏深入论证。

第一章 社区小商贩的概念及特征

第一节 社区小商贩的概念

社区小商贩作为商贩群体的特殊类型，要明确其概念，首先要从"小商贩"的定义着手。目前我国尚无立法和政策对小商贩的概念做出明确界定，人们通常将其称为"小商小贩""摊贩""流动商贩""走鬼"等。《辞海》对"小贩"的解释为："固定或流动设摊从事商品买卖或修理、服务的个体劳动者。"[1]在法律界，小商贩的概念最早出现在商事立法有关"小商人"的论述中。日本学者松波仁一郎在《日本商法论》中将"小商人"定义为："广义之小商人者，释义如下：1.挨户卖买物品者；2.在道路中卖买物品者；3.以不满伍佰元之资本而经营商业者……余所谓小商人者但指挨户卖买物品者，而全不问其者之资本之如何，故虽以一万之资本而为行商者，亦为小商人是也。"[2]

在现代，随着市场经济空前活跃，人们对"小商人"的认识进一步深化，开始通过立法明确小商贩的法律地位，细化其权利、义务。从立法实践来看，2008年我国台湾地区"立法院"制定的《"摊贩条例"草案及总说明》

---

[1] 夏征农主编：《辞海》（缩印本），上海辞书出版社1989年版，第1250页。
[2] 松波仁一郎：《日本商法论》，郑钊等译，中国政法大学出版社2005年版，第27页。

将摊贩定义为："于公司、行号或公民经营市场之营业场所外,以固定或流动摊位,销售货物或提供劳务者。"① 对于哪些经营者属于"小摊贩"的范围,1988 年台湾地区《商业登记法》进一步规定为:"1.沿门沿路之叫卖者;2.于市场外设临时性摊位之营业者;3.自为操作或虽雇员工但自为其操作之家庭手工业者;4.自为操作或虽雇员工但仍自为操作之家庭农、林、牧、渔业者;5.符合中央主管部门所规定之其他小规模经营标准者,这五种小规模经营之资本一般不足 1000 元台币。"② 1998 年台湾地区《台湾省摊贩管理规则》将摊贩划分为"固定摊贩"和"流动摊贩"两类。其中"固定摊贩"是指经政府许可在指定场所从事贩卖商品者;"流动摊贩"是指经政府许可在指定地区以肩挑、活动摊位或车辆等工具从事贩卖商品者。③ 1999 年香港特别行政区《小贩规例》将小贩分为三类:一是固定摊位小贩,必须在食物环境卫生署划定的小贩市场内入室经营;二是流动摊位小贩,准许其在特定地域范围内以流动方式进行贩卖;三是临时性小贩,仅具有临时性的贩卖资格。至于小贩属于哪种类型,经营者可以自行申请,由特区政府食物环境卫生署署长根据其条件进行审批。④

在西方国家,小商贩一词在英语中通常用"Peddler"或"Hawker"表示。根据《新牛津英汉辞典》的释义,"Peddler"指不固定摆摊设点、流动性强的小型商人。⑤ 1871 年英国《摊贩者法案》规定:"本法所指的小

---

① 参见台湾地区"立法院"《"摊贩条例"草案及总说明》第 2 条。(提案人黄昭顺,提案日期 2008 年 3 月 14 日)
② 参见台湾地区《商业登记法》第 4 条。
③ 参见台湾地区《摊贩管理规则》第 2 条。
④ 参见香港特别行政区政府《小贩规例》第 2 条。
⑤ 在 Judy Pearsal 主编的 *The New Oxford Dictionary of English* 中,将 "Peddlers" 解释为:"The unregistered operators, by utilizing the public space of community, and street, etc. in the manner of setting up a stall, peddling along the street, etc., engage in small-scale commercial activities."

第一章 社区小商贩的概念及特征

商贩包括 Hawker、Peddler、Petty chap man 三种摊贩,以及包括修补匠等依靠步行在城镇之间穿行,或者直接到他人住处贩卖货物商品、取得可即时提供货物的订单和提供手工艺服务的人。"1996年美国新罕布什尔州《小贩规则》规定,小贩包括以下三类人:"1.通过步行或者任何交通工具穿行于城镇与城镇之间或者地区与地区之间贩卖任何商品的人;2.穿行于城镇与城镇之间或者地区与地区之间提供修理、更新服务以及承接类似合同的人;3.在规则的地点和规则的时间营业,但是通过其个人或者代理在其他的地点也进行商品买卖的人。"[1] 此外,《日本商法典》第8条所称"小商人"、《德国商法典》第2条所称"小规模经营者"和《韩国商法典》第9条所称"小型商人",在经营规模和经营行为特征上有诸多共同之处,都属于"小商贩"的范畴。1972年国际劳工组织(International Labour Organization)发布的研究报告《就业、收入和平等——肯尼亚》中,首次将发展中国家从事小规模经营的小商贩,包括擦鞋匠、木匠、修理工等归属为在"非正式部门就业"。[2] 2000年国际劳工组织发布的《世界就业报告(1998-1999)》中,进一步将小商贩归属为"非正式部门就业"的第III类型,属于"灵活就业"中的"自营就业",其具体含义是指劳动者自选项目、自筹资金、独立解决经营问题。[3]

从社区与小商贩的关系来看,二者互相关联、紧密结合、共同发展。

首先,社区既是社会的基础构成要素,也是居民生活的基本单元。在我国的城市功能区体系中,社区相比行政区、文化区和工业区的人口基数更为

---

[1] Hawkers: Online Information article about Hawkers,来源于:http://encycloPedia.jrank.org/HAN_HEG/HAWKERS.html,2013-02-12.

[2] ILO(International Labor Organization): Employment, Incomes and Equality.1972.

[3] 国际劳工组织:《国际劳工组织世界就业报告(1998-1999)》,中国劳动社会保障出版社2000年版。

庞大，产生了海量的日常消费需求，使得社区对小商贩具有很强的依赖性。

其次，由于小商贩的经营方式简便灵活，经营范围五花八门，充分满足了社区居民便利化的生活需要。相比大型商场和超市，街头巷尾随处可见的小商贩显然更具有吸引力。而小商贩从业成本低，所经营的商品价格低廉，诸如疏通、修理、废旧回收等服务还可以随叫随到、上门服务，极大地方便了居民生活。

最后，由于社区消费潜力巨大，客源十分稳定，且在街头巷尾、社区空地摆摊设点或流动经营较为隐蔽，被执法部门查处的概率相对较小，因此社区也颇受小商贩青睐，成为小商贩聚集的主要场所。以上三方面因素，使得社区与小商贩这两个因素紧密地结合到一起。社区成为小商贩最主要的经营地点，"社区小商贩"成为在城市生活中最为常见的小商贩群体。

根据以上对"小商贩"概念沿革的回顾，以及对小商贩与社区之间关系的分析论证，可以将"社区小商贩"的概念进行如下界定：所谓社区小商贩，属于商贩群体中的特殊类型，是指依托基层社区开展经营活动，将社区广场、空地、道路等公共空间作为主要经营场所，采取摆摊设点、沿街叫卖、流动经营等方式从事小规模商业活动，且未办理工商登记注册的小规模经营者。

第二节　社区小商贩的特征

一、从群体数量来看，社区小商贩具有广泛性

综观世界各国社会发展的现实情况，无论是发达国家，还是发展中国家和欠发达国家，小商贩都是极为普遍的社会现象，从业群体具有数量上

第一章 社区小商贩的概念及特征

的广泛性。对于处在社会转型期和市场培育期的中国而言，随着城市化进程加快，农村劳动力大规模转移到城市，使社区小商贩群体不断壮大，日益成为市场经济中的活跃因素。据2009年7月23日《南方日报》载，当时全国约有各类小商贩不低于3000万人。[①]据2003年北京市政府发布的《外来人口动态监测调查公报》统计，在全市409.5万流动人口中，小摊点从业者约占6.8%，即当时全市约有30万名小商贩。[②]据2014年11月内蒙古自治区人大常委会统计，目前全区约有小餐饮店、小食品店、小摊贩等共计10万家（个）左右。[③]据2014年9月陕西省人大常委会统计，仅全省"三小"店摊（食品小作坊、小餐饮、食品小摊贩）就超过8.5万家，[④]且这一数字还在不断增加。

从小商贩占城市常住人口的比重来看，发展中国家明显高于发达国家。例如，2010年印度全国约有小商贩1000万人，其中首都新德里市的小商贩就达35万人，占该市1530万常住人口总数的2.29%。2012年印度国会专门通过了《街头小商贩法案》，规定小商贩的数量最多可以达到本地人口的2.5%。[⑤]巴西圣保罗市常住人口达2030万，是世界上人口最多的城市之一，形形色色的小商贩超过50万，占常住人口总数的2.46%。[⑥]2010

[①] 任杰：《个体工商户条例：三千万流动摊贩将合法经营》，载《南方日报》2009年7月23日第5版。

[②] 王雪：《代表建议推城市设摊导则，解放小摊贩应对就业难》，来源于搜狐网：http://news.sohu.com/20090312/n262750434.shtml，2014-06-12。

[③] 《内蒙古10万多个食品小作坊小摊贩需要监管》，载《北方新报》2014年11月25日第1版。

[④] 赵蕾：《陕西小作坊小摊贩超8.5万家 行业立法进入审议》，载《三秦都市报》2014年9月23日第2版。

[⑤] 《外媒：印度通过地摊法案 正式承认小贩经济地位》，来源于凤凰网：http://finance.ifeng.com/a/20130929/10780911_0.shtml，2013-09-29。

[⑥] 陆晓茵：《印度小贩：权利在先，谋生在后》，来源于网易：http://news.163.com/special/reviews/indianvendors.html，2014-06-12。

年墨西哥人口为1.1亿，而全国各类小商贩总数超过1300万，占总人口比重高达11.6%。① 在发达国家，2010年美国纽约市人口为1800万，据纽约市"小贩权益组织"统计，全市无照经营的小商贩约2万人，仅占总人口的0.11%。② 在我国，由于城市人口基数大，人口流动性强，且很多城市的新老城区、中心城区和远城区发展不平衡，统计难度较大，目前尚没有机构对小商贩从业人员的总体数量进行准确统计，仅广州市公布过小商贩的大致数量。据第六次全国人口普查数据显示，2010年广州市常住人口为1270.08万；而《羊城晚报》2010年8月发布的数据表明，广州市十个城区约有23万至25万"走鬼"（即流动经营的小商贩）从事商品买卖，占该市常住人口总数的1.97%。③ 由此可以得出推论：由于市场发育程度和社会治理水平存在差异性，欠发达国家和发展中国家的小商贩数量明显多于发达国家。通过对国内外典型城市的相关数据进行估算，在发展中国家，小商贩的数量通常占城市常住人口总数的2%左右，形成了数量极为庞大的社会群体。

二、从主体身份来看，社区小商贩具有多元性

据2010年上海市政协的调查研究，小商贩从业人群的身份具有多元化特征，主要包括因国企改制而下岗的失业人员；外来流动人口（含少数民族外来人口）；自产自销或进城务工的农民；部分"两劳"刑满释放人员；部分残疾人，等等。④ 据2011年华东师范大学的调查研究，社区小商

---

① 伍海燕：《国外管理小贩：扶持+扶正》，载《国际先驱导报》2013年7月1日第6版。
② 《新观察：美国小贩不怕"城管"？》，来源于新浪网：http://news.sina.com.cn/z/mgcg/，2014-12-02。
③ 田恩祥、邱月烨：《广州25万"走鬼"将划地经营》，载《羊城晚报》2010年8月13日第4版。
④ 上海市政协：《关于对流动摊贩实施疏导结合的人性化管理的建议》，来源于东方网：http://shszx.eastday.com/node2/node4810/node5039/node5155/userobject1ai47629.html，2011-06-13。

贩中52%属于非常住人口，48%来自城镇低收入家庭或下岗失业人员，其中具有高中以上文化程度的仅占19%。① 从课题组赴武汉、广州、北京等地调研情况来看，社区小商贩大多为文化程度不高、收入较低的社会底层劳动者，因自身条件限制，很难从事技术性较强和经营成本较高的职业，只能选择在社区摆摊设点、沿街叫卖来维持生计。此外，随着高校逐年扩招，教育成本不断增加，就业形势日趋紧张，不少在校大学生也选择在校园内摆摊或举办"跳蚤市场"，赚取生活学习费用。

三、从产生原因来看，社区小商贩具有复杂性

社区小商贩群体的产生，除了与市场要素和消费需求密切相关外，还有着较为复杂的社会原因。

一方面，作为拥有13.6亿人口的大国，我国就业人口基数庞大。加上城乡二元化结构不平衡，社会就业吸纳能力差，劳动力素质参差不齐，导致就业市场供求严重失衡。据2015年国家卫生和计划生育委员会流动人口司发布的《中国流动人口发展报告》显示，目前我国的流动人口数量约为2.45亿，流动人口向特大城市聚集的态势仍在加强。② 数量如此庞大的流动人口如潮水般涌入城市，进一步加剧了原本就十分严峻的就业难问题。从就业结构看，目前城市就业困难群体、农村剩余劳动力不断增长，就业结构性矛盾日益突出；从就业压力看，一些传统行业、过剩产能和落后产能行业出现大批失业人群，就业总量压力持续增加；从就业需求来看，目前劳动力市场对中高级技术人才和专业管理人才的用人需求持续增加，而对初级技能劳动者的用人需求不断减少。传统的劳动密集型企业如"富士

---

① 程颜：《关于我省流动商贩生存状态的社会调查》，载《经济与社会发展》2011年第4期。
② 国家卫生和计划生育委员会流动人口司：《中国流动人口发展报告（2014）》，中国人口出版社2015年版，第2页。

康"等为削减成本，于2014年开始计划大规模裁员。大量劳动者由于缺乏资本和技能造成就业困难，工作稳定性较差，迫于生存压力不得不转行成为小商贩。

另一方面，小商贩行业的特殊性也推动了剩余劳动力大量涌入这一领域。首先，社会转型期出现的大批农村剩余劳动力由于受到自身年龄、技能、资金等客观条件限制，很难进入正式就业部门，只能退而求其次，选择进入门槛较低的非正式就业部门，从事小商贩行业谋求生计。其次，社区小商贩经营成本低，产出效益相对较高。相比其他的商品服务零售经营者，社区小商贩只需投入一定的劳动力和时间成本，无需耗费大量资金成本，对技术和经营环境的依赖程度较低。最后，社区小商贩的适应力强，经营方式灵活机动，即使经营失败，也比较容易转行。由此可见，多种复杂的社会因素，造成社区小商贩的群体数量不断增加。

四、从权利属性来看，社区小商贩具有合法性

在我国现行的法律制度中，由于商事立法存在缺陷，没有对小商贩的商主体地位做出明确规定，导致社区小商贩一直游走在法律的边缘地带，长期被扣上"无照经营"的枷锁。从行政法角度而言，穿梭于街头巷尾、就地摆卖的社区小商贩因不具备法定的个体工商户登记条件，无法取得营业执照，意味着合法经营资格的缺失，工商、城管等政府职能部门随时可以对其进行查处。然而，从其他国家和地区的立法实践来看，无论是英美法系国家还是德、日、韩等大陆法系国家，以及我国香港、台湾地区都通过商事立法确认小商贩的商主体地位，最大限度地运用法律手段保障小商贩的合法权利。例如《日本商法典》《德国商法典》《韩国商法典》、香港特区《小贩规例》和台湾地区《台湾省摊贩管理规则》都明确规定了小

第一章 社区小商贩的概念及特征

商贩的就业权利，将其视为"小商人"或小规模经营者加以保护，强调小商贩的就业权利不容忽视。有鉴于此，从权利保障的角度而言，社区小商贩具有应然的合法性，具备完全的商主体地位，完全能够独立开展市场活动，享有权利并承担义务。应通过不断修改、完善我国现行商事立法，充分保障社区小商贩合法经营的权利。

一方面，从人权角度来看，社区小商贩的经营行为本质上是公民行使基本人权的表现。所谓基本人权，是指在一定社会历史条件下，每个人不分性别、种族、年龄、国籍等因素而享有的基本权利，核心是生存权和发展权。保障人权是依法治国的核心任务，也是最具有正当性的法治价值。社区小商贩在街头巷尾摆摊设点或流动经营仅仅是为了满足个人及其家庭的基本生存需要，是社会弱势群体行使生存权的一种自然选择，也是小商贩在社会生活中实现发展权的必然选择。从宪法保障人权的意义而言，对社区小商贩权益的维护，就是对基本人权的尊重。

另一方面，从商事立法角度来看，社区小商贩的经营活动具有典型的营业性质，是一种商行为；其经营活动与商法中的"营业标准"和"营利标准"要素紧密契合。根据民法理论，作为自然人的小商贩通过签订合同处分本人财产但不以此谋生，属于由民法调整的民事行为。一旦小商贩以经营活动所得谋生并以此为职业时，这种营利性活动就转变为商法中的营业行为；小商贩的身份也从民法中的"自然人"转变为商法中的"商个人"，具备完整的商事行为能力和商事权利能力。由此可见，社区小商贩的产生，既是商个人开展商事活动的必然结果，也是符合市场规律的客观现象。应通过立法明确小商贩具有独立的商主体地位，进一步完善我国商主体法律制度体系，为社区小商贩开展经营活动提供法律保障。

五、从就业特征来看,社区小商贩具有非正式性

所谓"非正式性"(Informality),又称"非正规性",是指社区小商贩的就业特征区别于有固定身份、固定场所、固定收入和固定保障的正式职业,具有"非正式身份""非正式就业"和"边缘化居住条件"三大特征。(参见下图1.1)[①]

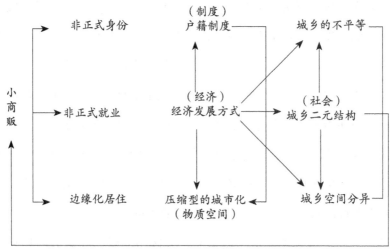

图1.1 社区小商贩的三大特征

国外学者Bromley Ray认为,"非正式性"是小商贩群体的共同属性,只有系统研究小商贩的身份特征、就业渠道、居住环境、生活成本等"非正式性"因素,才能准确揭示小商贩的特征。[②] 在我国,社区小商贩的非正式性源于社会转型时期特殊的经济模式。在计划经济时代,以重工业为代表的粗放型经济增长模式形成了特殊的城乡二元化结构。改革开放以来,

---

① 何丹、朱小平、钱志佳:《城市流动摊贩研究述评——兼论上海市摊贩的特征》,载《城市问题》2013年第3期。

② Bromley Ray: Street Vending and Public Policy: a Global Review. International Journal of Sociology and Social Policy, 2000(20).

随着农村土地流转加快,劳动密集型产业向资本密集型产业转型的趋势日益明显,再加上国企改制等复杂的社会因素,导致市场对低素质劳动力的依赖性不断降低。而能够大量吸纳低素质劳动力的第三产业在我国发展较为缓慢,造成大量剩余劳动力从农村涌入城市寻找就业机会。由于受到严格的户籍制度制约,加上自身条件有限,大部分人只能在城市从事最简单、最底层、收入最低的工作,既难以享有城市居民的正式身份,其就业渠道也十分狭窄,生活条件较为恶劣,无法像普通市民一样广泛参与社会活动,行使对各项公共事务的话语权,在社会接纳性上低人一等,甚至遭受不公正的歧视待遇,这些都造成了社区小商贩具有典型的"非正式性"就业特征。

六、从行为动机来看,社区小商贩具有单一性

作为零散的个体经营者,社区小商贩天生不具备规模经济特征,只能从事简单的商品零售或提供简单的社会服务,从业动机仅仅在于通过市场交易活动获取经济收入,以维持家庭生计所需。对于大多数社区小商贩而言,主观上并不存在蓄意扰乱市容环境、影响社区秩序、损害公共利益的动机,往往是生活所逼,或被执法部门驱赶围堵,迫于无奈才会从事占道经营、无照经营等违法行为。大量下岗职工、农村剩余劳动力、残疾人等社会弱势群体之所以将小商贩作为职业,原因在于小商贩行业的进入门槛低,对资本和技术的依赖性小,且可以逃避办理营业执照、缴纳税费的负担,因而成为广大社会弱势群体"不得已而为之"的就业选择。

七、从经营许可来看,社区小商贩具有缺失性

目前,我国仍然实行较为严格的市场准入制度。2015年3月9日,在全国"两会"期间,国家工商总局局长张茅提出要进一步推进登记注册制度的便利化,实行"先照后证"制度改革,进一步放宽对市场主体的市场

准入限制。但这一举措主要针对企业而言,个体工商户的登记注册条件仍然较为严格。由于经营规模小、缺乏固定经营场所、达不到法定注册登记条件,社区小商贩无法像个体工商户或其他企业组织一样申请工商行政管理部门颁发的营业执照,因而不能享有市场主体的合法身份,从行政许可的角度而言,处于"无照经营"的违法状态。

造成社区小商贩无照经营的原因十分复杂,既包括社区小商贩本小利微、无力承担高昂门面租金,只能通过占道或乱搭乱盖等方式开展经营活动,因而无法取得营业执照;也包括因拆迁冻结、城市改建、历史遗留问题等原因造成小商贩无法具备固定经营场所;还包括部分餐饮业小商贩因没有取得卫生、食药监等职能部门颁发的前置许可而未能取得营业执照;甚至还有一些小商贩为逃避税收监管,故意不办理登记注册手续。由于未经工商登记取得营业执照的小商贩在法律上属于违法经营,各地工商部门为整顿市场秩序,开始对小商贩进行大规模集中整治,实施严厉的处罚制裁甚至封杀取缔。自2005年起,深圳、重庆等地开始大规模集中取缔无照经营活动。深圳市还专门制定出台了《关于清理整治无证无照非法经营行为的决定》(深府〔2005〕121号),对全市超过10万名无照经营的小商贩进行集中清理。在执法过程中,由于个别执法人员素质不高、法治观念淡薄、执法方式简单,甚至还出现了一些野蛮执法、暴力抗法案件,激化了社会矛盾。

无照经营导致的另一个直接后果,就是极大地加重了小商贩的负担。据统计,美国纽约市目前约有2万名小商贩,平均每年遭遇1万起逮捕事件,收到4万张罚单,平均每单罚款433美元,最高罚款高达1000美元;每年纽约市小商贩缴纳的罚款金额甚至超过其年收入的5%。纽约市"小贩权益组织"为此向市政府反复提出抗议,指出:"街头摆摊不再是实现美国梦的第一步,而是每日与现实搏斗的噩梦。"① 据报道,哈尔滨市122个集贸市场的个体工商户和私营企业户,再加上没有经过工商注册的小商贩,每年遭到变相高额征收"三费"总金额接近1.2亿元。② 如此沉重的负担,往往让社区小商贩不堪重负,只能通过不断变换场地四处流动贩卖,通过与执法者"躲猫猫""打游击"来逃避政府监管,进一步加剧了执法部门与小商贩之间的矛盾。

八、从市场需求来看,社区小商贩具有迎合性

消费需求是市场行为的风向标。随着我国城市化进程加快,群众生活水平不断提高,多领域、多层次、个性化的社会消费群体迅速发展,庞大的市场需求直接催生了越来越多的社区小商贩。现实生活中,大型高档商场只能满足高端消费需求,却满足不了群众对针头线脑、葱头蒜瓣等生活零碎杂货的需要;大型超市商品虽然齐全,却要耗费一定的交通出行成本。相比之下,小商贩灵活机动的经营方式成为社区居民满足日常生活需求的主要渠道。一方面,小商贩通常在人口流动大、人群聚集的社区公共空间摆摊营业,贴近居民生活,经营地点具有无可比拟的便利性;另一方面,小商贩所销售的商品、提供的服务往往价格低廉,符合相当一部分社区居民尤其是低收入人群的消费特点,迎合了大部分群众图方便、喜廉价的心理。有的社区小商贩还提供"送菜到家""上门收废品"等附加服务,充分满足了社区居民的个性消费需求,成为社区经济中最活跃的要素。

---

① 《新观察:美国小贩不怕"城管"?》,来源于新浪网:http://news.sina.com.cn/z/mgcg/,2014-12-02.

② 郭毅:《哈尔滨小摊贩每年遭变相收费近1.2亿》,载《法制日报》2010年6月2日第6版。

九、从经营地点来看，社区小商贩具有灵活性

社区小商贩一般选择在社区公共空间开展营业活动，例如社区广场、道路两旁、交通站点等，具有明显的市场自发性。从现实情况来看，在人流密集、商业集聚的社区中心区域，小商贩数量较多；社区交通要道、交通车站周围次之；而管理较严格的高档住宅区、商业会所周围则相对较少。在公共服务设施较为齐全、社区治理水平较高的社区，小商贩通过缴纳一定管理费用进驻"社区服务中心"、社区便民点、小型集贸市场等固定场所经营，享有市场配套服务，服从统一管理。而在目前我国大部分基层社区，尚不具备建设统一经营场所的条件，无法提供完善的经营环境，造成小商贩没有绝对固定的经营地点，只能占用社区公共空间随地摆摊，或采取"打游击"的策略，走街串巷沿街叫卖，并且视商品交易的频繁状况和收入情况而灵活调整经营地点。

十、从经营范围来看，社区小商贩具有多样性

相比专业型卖场，社区小商贩的经营范围十分广泛，销售的商品和提供的服务种类繁多，进货渠道多样，以商品零售为主，就地买卖交易。经营范围五花八门，既包括家政、理发、修鞋、停车、缝纫、废旧物品回收、电器修理等服务性经营，也包括早点副食、水果蔬菜、日用百货销售、五金、门窗加工销售、汽车美容、服装销售等微利便民行业，涉及群众日常消费的方方面面。

由此可见，社区小商贩的产生有着深刻的时代背景，既与当前我国全面深化改革进入深水区，各类社会矛盾不断凸显，城乡二元化结构不平衡，农村剩余劳动力转移等宏观因素密切相关，也与市场经济要素的合理流动、满足群众日益增长的消费需求紧密相连。从社区小商贩的特征来看，他们

既是市场经济的活跃因素,也是社会转型期利益分化的特殊产物,更是现阶段社会弱势群体的重要组成部分。

第三节 对社区小商贩进行社会治理的原因

一、是促进充分就业,保障民生福祉的客观要求

就业是民生之本。社区小商贩最大的民生诉求就是期待其就业权利得到合法保障。作为社会弱势群体,社区小商贩覆盖面广、人数众多、生存状况堪忧。帮助社会弱势群体实现充分就业,既是建设服务型政府的应有之意,也是保障民生福祉的客观要求。通过加强和改进社区小商贩社会治理工作,进一步健全完善法律制度,简化工商登记手续,降低市场准入门槛,赋予社区小商贩合法的市场主体地位;打造社区就业平台,在社区内建设集中经营场所,不仅能够为小商贩拓宽就业渠道,创造更多的就业机会,帮助小商贩摆脱无照经营的困扰,走出"地下组织"的心理阴影,还能够稳定民心、体恤民情、顺应民意,不断提升社区就业质量,改善社区消费环境。

二、是提升治理水平,化解基层矛盾的客观要求

在基层社会治理工作中,社区小商贩是一块"难啃的骨头",容易引发各类社会矛盾。由于社区小商贩习惯于分散经营和流动经营,难以进行集中规范管理,大大增加了社区治理的难度;而且小商贩缺乏固定经营场所,占道经营、乱搭乱建、堵塞消防通道、侵占社区公共空间、噪声垃圾扰民等现象时有发生;部分小商贩素质低下、不讲诚信,习惯于短斤少两或出售假冒伪劣商品,损害了消费者利益;而社区小商贩监管工作同时涉

社区小商贩社会治理创新研究

及工商、城管、税务、卫生、民政、食药监、质监等多家单位,因政出多门、权责不清、职权交叉也加重了社区治理的负担。按照中共十八届三中全会《全面深化改革若干重大问题的决定》中有关加强和改进社区工作的精神,政府、社区居委会和小商贩自治组织等治理主体应积极研究对策,不断推动社区小商贩社会治理工作机制创新,进一步加强对小商贩的监督管理,使其经营行为得到规范引导、合法权利得到依法保障;进一步提升社区服务功能,维护社区正常的经营秩序,在给居民提供方便、廉价和优质消费服务的同时,引导社区小商贩趋利避害、有序竞争、健康发展,进而营造和谐、文明、宜居的社区环境。

三、是维护市场秩序,实现公平竞争的客观要求

由于社区小商贩没有办理工商营业登记手续,逃避了交纳税费的义务,而其从事的却是与持有营业执照、依法缴纳税费的合法经营者相同性质的营利性行为,与公平竞争的市场规则背道相驰。首先,从市场主体的角度而言,社区小商贩的无照经营行为破坏了市场结构的平等性,造成经营成本的巨大反差,侵犯了合法经营者的公平竞争权,形成了事实上的不正当竞争。其次,由于社区小商贩大多没有固定经营场所,不少小商贩采取"打一枪换一个地方"的"游击战"经营策略,为其不合规、甚至不合法的经营行为做掩护,经常出现发生消费矛盾纠纷却找不到事主的情况。一旦社区小商贩销售的商品或提供的服务存在质量瑕疵,消费者难于取证、难于索赔、难于维权。再次,社区小商贩"讲规矩"的守法经营意识十分薄弱,签订合同的比例较低。多数小商贩都不愿意与消费者签订合同或提供售后凭证,从而规避合同义务。最后,大部分小商贩销售的商品都缺乏严格、规范的质量标准和卫生标准,个别小商贩甚至知假售假、短斤少两,严重

第一章 社区小商贩的概念及特征

损害了消费者权益。以餐饮业小商贩为例，为降低成本往往在原材料采购、卫生防护设施、餐具消毒等方面偷工减料，存在明显的食品安全隐患，容易造成食源性疾病传播。

四、是突破管理瓶颈，建立长效机制的客观要求

当前我国正处于社会转型期，由于社会分层和利益分化加剧，导致各类社会利益冲突不断累积；一旦处置不当，就容易造成矛盾激化，影响到社会和谐稳定的大局。社区小商贩虽然只是社会治理中的"微话题"，却对社会治理体系和治理能力提出了更高的要求。从现实情况来看，政府为了达到城市管理和市场管理的目标，针对社区小商贩采取围追堵截、罚没取缔等强制措施，管理效果并不理想。不仅未能有效消除小商贩造成的负面影响，简单、粗暴的执法方式反而加剧了管理者与被管理对象之间的冲突，引发了社会的深切关注。2015年5月24日，湖北省武汉市江夏区两名城管执法队员情绪失控，当街殴打一名女商贩，视频传到网上引发数万名网民跟帖热议，舆情让城管部门十分被动。① 自2005年深圳、重庆等地政府大规模集中取缔无照经营活动以来，虽然暂时完成了市容整治任务，却难以建立起监管长效机制。无照经营现象如同"割韭菜"一般屡禁不止，容易死灰复燃，想要彻底根除十分困难。以工商部门为例，查处、取缔无照经营属于工商部门的执法范畴。然而，社区小商贩分散经营、流动经营的特点加大了工商执法的难度。重管制、轻服务的工作思路既不符合行政体制改革的客观要求，也不符合保障民生、扩大就业的服务型政府宗旨。因此，社区小商贩的治理思路应冲破"一元化"管制模式的桎梏，倡导民

---

① 杨京：《武汉两城管队员情绪失控与摊贩打斗被城管委除名》，载《武汉晚报》2015年5月26日第6版。

主治理、科学治理、协同治理的新理念,改变对小商贩"处罚加取缔"的单一管制模式,在公共决策上实现换位思考,积极探索建立社区小商贩社会治理创新的长效机制。各级政府职能部门应充分认识到既要切实履行监管职责,又要坚持管理与服务并重,树立以人为本的执法理念,创新人性化执法方式,不断提高执法效能;提高行政审批效率,创新市场登记审核机制,减轻小商贩办理证照的负担;千方百计帮扶城市弱势群体扩大就业,主动贴近小商贩,提供政策宣讲、就业指导和市场服务,保持社会保障和维权救济渠道畅通;充分发挥社区居委会参与治理的主动性,搭建充分满足小商贩就业需求的社区就业平台;进一步强化小商贩行会组织的自律自治功能,变"末端治理"为"源头控制",逐步实现自我管理、自我约束。

综上所述,在深入推进社会治理创新、全面建成小康社会的时代背景下,按照中共十八届五中全会提出的创新发展、协调发展、共享发展的理念,实现对社区小商贩的民主治理、科学治理、协同治理,既有利于保障小商贩的民生福祉,保护消费者权益,也有利于维护市场秩序、降低政府管理成本,还有利于营造公平、稳定、和谐的社区治理环境,形成互动共赢的良好局面。只有加大对社区小商贩的社会治理力度,不断创新社会治理路径,构建社会治理长效机制,才能引导社区小商贩趋利避害、健康发展。

第二章 社区小商贩的生存状态：以湖北省武汉市为例

作为我国的特大城市和中部地区的中心城市，湖北省武汉市不仅是中部地区人口最多的城市，也是小商品经济最繁荣的城市。从历史上看，作为"九省通衢"的交通枢纽，武汉自开埠以来一直是市贩商贾云集之地。截至2014年12月，武汉市常住人口已经突破1020万。课题组赴武汉市工商局调研测算，目前武汉市十三个城区内的社区小商贩大概有12万人。如此庞大的社会群体，其生存状态已经受到社会广泛关注。近年来，武汉市、区两级人大和政协有关治理社区小商贩的提案逐年增加就是一个充分例证。2014年6月至8月，课题组针对武汉市社区小商贩的生存状态开展了社会调查研究，通过赴基层社区和相关职能部门走访调研、问卷调查等方式，获取了社区小商贩生存状态的大量信息。并以此为基础，对社区小商贩的群体构成、从业习惯、经营现状、发展趋势和社会认同等问题进行了较为深入的研究。

第一节 对武汉市社区小商贩生存状态的调查分析

课题组以问卷调查为主要依据，调查样本分别选取了武汉市江汉区新华路街道（代表中心城区）、武汉市江汉区汉兴街道（代表老城区）、武汉市汉阳区江堤街道（代表新城区）的11个社区，共走访调研316户小商贩，发放调查问卷316份，回收有效问卷242份。调查问卷主要设计了8个问题：1.从业时间；2.从业动机；3.经营范围及营业方式；4.影响小商贩生存的主要因素；5.政府管理对小商贩的影响；6.小商贩是否享有社会保障；7.小商贩对自身社会地位的认同；8.小商贩对自身权利的认同。通过数据采集、归纳整理及观点分析，课题组掌握的具体情况如下。

一、社区小商贩的从业时间

在调查对象提交的242份有效问卷中，关于"从事本行业的时间"一项，67.77%的社区小商贩选择了从业时间为"五年以内"；18.2%的人选择了"五到十年"；13.2%的人选择了"十到十五年"，0.83%的人选择"十五年以上"。数据表明：社区小商贩的年龄正趋于年轻化，且从业时间普遍不长，从业五年内者占到近七成；长期以此为职业的小商贩仅占14%左右，进一步说明了社区小商贩具有非正式性的就业特征。（参见下图2.1）

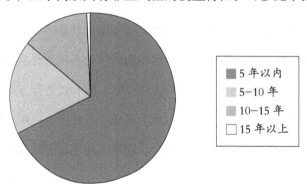

图2.1 社区小商贩的从业时间

二、社区小商贩的从业动机

关于"为什么选择以小商贩为职业？"一项，47%的人选择了"下岗、

第二章 社区小商贩的生存状态：以湖北省武汉市为例

失业或无其他工作选择"；22.58%的人选择了"当小商贩是出于爱好"；30.42%的人选择了"能带来可观的收入"。这说明因生计所迫而从业的社区小商贩仍然占大多数，不少人因为二十世纪九十年代末国有企业改制破产下岗，为维持家庭生活所需转行成为小商贩。例如，武汉市江汉区汉兴街道常青二垸、三垸社区原本就以国有企业的职工宿舍区为主，近六成的本地小商贩都属于国企下岗职工。对于外来小商贩而言，选择"带来可观收入"的比重较高。（参见下图2.2）

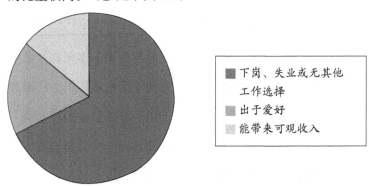

图 2.2 社区小商贩的从业动机

三、社区小商贩的经营范围及营业方式

关于"小商贩的经营范围及营业方式"一项，目前武汉市社区小商贩的经营范围主要集中在蔬菜肉禽蛋零售、小餐饮、服装销售、修理、家政服务、缝纫及鞋类修补销售、废旧物品回收、日用百货销售、报纸杂志销售、理发、饰品销售等十余个微利便民行业。其中，蔬菜肉禽蛋零售和早点副食两类所占比重最高，达到52.89%，其次是服装及日用品销售、日用维修和缝纫服务两类，充分体现出社区小商贩的经营范围以满足居民日常生活需求为主。（参见下表）

表2.1 社区小商贩的经营范围

街道名称	社区小商贩的经营范围														
	家政	家教	修理	缝纫	回收	小餐饮	卖菜	理发	日用品	报刊	五金	服装	鞋类	洗车	疏通	其他
汉兴街道	5	2	6	4	2	18	35	2	5	2	2	5	3	1	2	3
江堤街道	3	0	4	5	1	12	22	1	4	0	3	6	2	0	1	4
新华路街道	3	2	5	3	3	15	26	0	4	3	4	3	1	2	1	2
合计	11	4	15	12	6	45	83	3	13	5	9	14	6	3	4	9

从营业方式来看，社区小商贩大多以散布在街头巷尾和社区空地流动经营为主，采取就地摆摊叫卖的方式。有的小商贩还提供上门服务，主要营业方式包括商品零售、小餐饮、材料加工、维修、废旧回收等。部分小商贩虽然租赁了门面或铺面、档位，具有相对固定的经营场所，却没有办理营业执照。此外，由于小商贩往往只注重追求短期经济效益，既缺乏规范的经营手段（如订立合同、提供售后服务等）和必要的经营条件（如食品卫生环境、质量检验程序等），又缺乏严格的监督管理机制，造成短斤少两、以次充好、制假售假等侵犯消费者权益的现象时有发生。总体而言，当前武汉市社区小商贩的经营范围及营业方式具有草根性、薄利性、灵活性和较低的抗风险能力。

四、影响社区小商贩生存状态的主要因素

关于"影响小商贩生存状态的主要因素"一项，27.7%的人选择了"租房贵"，26.9%的人选择了"物价高"，34.3%的人选择了"医疗、养老、子女就学难"，还有11.1%人选择了"税费高"。（参见下图2.3）

第二章　社区小商贩的生存状态：以湖北省武汉市为例

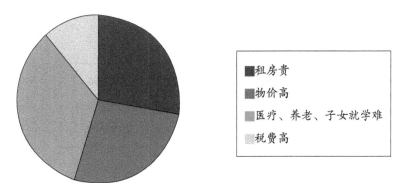

图2.3　影响社区小商贩生存状态的主要因素

由此可见：首先，由于城市的租房成本、物价水平居高不下，让本来就处于低收入群体的社区小商贩不堪重负，绝大部分人都难以承担租赁门面固定经营的成本，只能采取沿街叫卖、摆摊设点的方式流动经营。其次，由于大部分小商贩属于城市外来人口，在医疗、养老、子女就学等方面难以享受到普通市民待遇，额外增加了他们的生存成本。再次，认为税收负担过高的小商贩所占比例较低，仅占约九分之一，这和很多市场经济发达国家的情况正好相反，说明大部分社区小商贩并没有形成依法纳税的意识，不少人从未履行过纳税义务。在调研中，有的小商贩就直言不讳地说："我连营业执照都没有，政府只会到处驱赶我们，更没有提供什么服务，我凭什么要向政府交税？"

五、政府管理对社区小商贩的影响

关于"政府管理（如工商、城管、税务、卫生、食药监等部门的执法工作）对小商贩的影响"一项，35.54%的人选择"没有影响"，32.23%的人选择"有一定影响"，而32.23%的人选择"影响很大"。由此可见，认为政府管理影响到自身经营活动或切身利益的小商贩约占三分之二，占比重较高。尤其是在经常占道经营的餐饮类小商贩和菜贩群体中，选择政府管理"影响很大"的占绝大多数。（参见下图2.4）

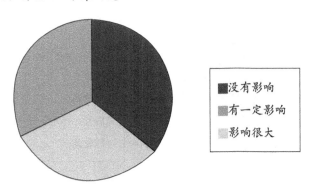

图 2.4 政府管理对社区小商贩的影响

六、社区小商贩是否享有社会保障

关于"是否加入了社会保障"一项,45.46% 的社区小商贩选择"没这种打算",22.31% 的人选择"正在考虑",32.23% 的人选择"已经加入"。调查统计仅有不到三分之一的社区小商贩已经享有社会保障,而且绝大部分都是具有本地户籍的小商贩。近一半的小商贩并不认同现行的社会保障政策。有的小商贩认为"有钱在身、养儿防老"比参加社保更"靠谱";有的外来小商贩提出政府没有为外来流动人口提供足够优惠的社会保障政策,自己本来收入就低,还要缴纳不菲的社会保障费用,"相比武汉人,更觉得低人一等。"此外,还有约四分之一的小商贩直言对社会保障制度根本不了解,也没有哪个政府部门主动告诉他们相关信息。(参见下图 2.5)

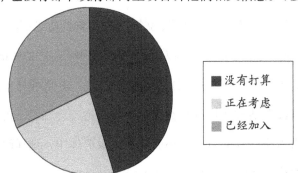

图 2.5 社区小商贩是否享有社会保障

七、社区小商贩对自身社会地位的认同

关于"是否认为自己属于弱势群体"一项,64.05%的小商贩选择了"是",16.12%的人选择了"不是",19.83%的人选择了"不清楚"。由此可见,大部分社区小商贩认为自身属于社会弱势群体,在参与公共决策、获取就业机会、分享改革红利、赢得社会认同等方面明显低于普通市民。还有一部分小商贩因为文化程度较低或其他主观原因,没有给予准确回答,只是强调对自身的社会地位"不满意"。(参见下图2.6)

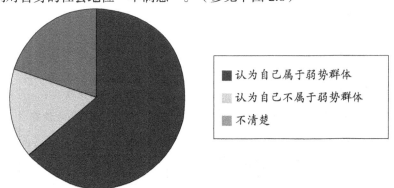

图2.6 社区小商贩对自身社会地位的认同

八、社区小商贩对自身权利的认同

关于"是否认为自己的权利得到了保障"一项,19.84%的小商贩选择"得到了充分的保障",70.66%的人选择了"既没得到保障,也没有被剥夺",而仅有9.5%的人选择了"没有得到保障"。该问题属于综合性判断,主要涉及小商贩对自身权利的总体满意程度。从课题组走访调研的情况来看,选择"得到保障"的小商贩一般都曾经接受过来自政府和社会的帮助,或者认为现行法律和政策保护了自身权益,对目前的生存状况较为满意;选择"没有得到保障"的小商贩一般都经历过被政府执法部门驱赶、取缔或遭受过不公平的歧视待遇,对目前的生存状况并不满意;选择"既没得

到保障,也没有被剥夺"的小商贩占绝大多数,认为自己的经营活动能够基本满足谋生所需,但生活质量并没有明显改观;既没有因为政府的管理行为而遭受利益损害,也没有从政府和社会层面获得有益帮助。从调查结果来看,持有"中立"态度的社区小商贩占绝大多数,一方面说明在全面推进依法治国、尊重保障人权的时代背景下,严重侵害小商贩权益的现象已经有所减少,但仍然时有发生;另一方面也说明现有的公共服务体系和社会保障机制有待进一步完善,尚不能充分满足小商贩改善生活质量的需要。(参见下图2.7)

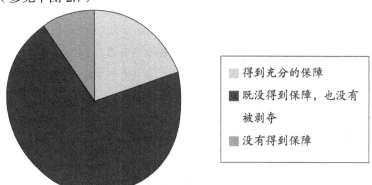

图2.7 社区小商贩对自身权利的认同

九、社区小商贩的民生诉求

所谓民生诉求,是指民众为满足基本生存和日常生活需要,在获取基本发展机会、基本发展能力和基本权益保护等方面提出的利益需求。构建以人为本的和谐社会,保障民生、体恤民意、尊重民生诉求是最为重要的价值指向。关于"小商贩有哪些需要政府和社会帮助解决的问题"一项,在调查问卷中并没有设定具体的选择性答案,而是由小商贩自己填写,或口述后由工作人员进行记录。在回收的242份有效问卷中,课题组对答案进行了仔细梳理,将近似的观点进行归纳,并对最集中的6个观点进行了

第二章 社区小商贩的生存状态：以湖北省武汉市为例

汇总统计。（参见下表2.2）

表2.2 社区小商贩对自身权利的认同

最需要解决的问题	社区小商贩的民生诉求					
	无照经营问题	不被执法人员驱赶、处罚	有固定的经营场所	享有完善的住房、养老、子女教育和医疗保障	解决外来小商贩的户籍问题	减少税费负担
提出观点的人数	172	145	110	169	54	96

通过对调查问卷的分析，可以发现：

首先，社区小商贩最迫切的民生诉求就是破解无照经营难题，期盼就业权利得到法律保障。就业问题直接关系到国家经济发展和社会稳定，被誉为"民生之本"。在调查问卷中，提出"帮助解决无照经营问题"的小商贩高达71%。自20世纪90年代以来，随着我国城市经济结构变化和产业结构调整，就业矛盾问题日益突出。大量农村剩余劳动力涌入城市、大批下岗工人亟须再就业、日益庞大的高校毕业生群体都加剧了就业竞争压力。对于劳动者而言，只有掌握尽可能多的知识储备、职业技能和资本积累才有可能在就业市场中谋得一席之地。然而，社区小商贩群体处于城市底层，无论是知识储备、职业技能还是资本积累都明显偏低，往往只能选择对资金依赖较低、对知识技术要求不高的简单岗位——在社区摆摊设点或流动经营，从事小本买卖。目前我国基于营业执照等行政许可而设置的市场准入门槛有着严格的法定条件，对于大多数规模较小、无固定经营场所、达不到办理执照要求的社区小商贩而言，无疑是一道难以逾越的障碍。正如武汉市江汉区汉兴街一位卖烧饼的王姓小商贩所言："因为摊点办不了执照，每天提心吊胆做生意，就是怕政府查，城管一来，只好关炉子熄火，推车走人。"如何在不违反法律和政策规定的前提下，让"打游击"的社

社区小商贩社会治理创新研究

区小商贩也能拥有"合法身份",享有充分的就业权利,光明正大地做生意,成为广大社区小商贩最关注、最期待解决的民生问题。

其次,从社区小商贩的创业过程来看,其民生诉求还包括政府提供全面的公共服务,实施人性化管理,避免"生、冷、硬"式的粗暴执法。例如,在调查问卷中提出"不被执法人员驱赶、处罚"的小商贩占59.91%;提出"希望有固定经营场所"的占45.45%;提出"减少税费负担"的占39.66%;提出"解决外来小商贩户籍问题"的占22.31%,这些利益诉求都与政府公共管理和公共服务密切相关。课题组在调研中发现,很多社区小商贩选择走街串巷、流动经营的主要原因在于门面租金、门面转让费过高,迫于无奈才选择在路边摆摊设点。由此可见,创业成本过高,成为社会弱势群体就业的主要障碍。社区小商贩迫切需要政府改变单一的管制思维和粗暴的执法方式,以服务型政府为导向,在经营场地、职业技能、就业信息、创业融资、税费减免等方面为小商贩提供多渠道的帮助和指导。

最后,从社区小商贩的生存状态来看,绝大多数小商贩处于城市收入体系底层,被排斥于社会保障制度之外,生活质量堪忧。在调查问卷中,提出"需要在住房、养老、医疗、子女教育等方面享有充分的社会保障"的小商贩高达69%。课题组在走访调研中发现,有的小商贩祖孙三代租住一间陋室,连基本的如厕卫生条件都无法保障;有的小商贩为节约开支,一日三餐以馒头就咸菜度日;有的小商贩因自身属于外来流动人口的身份限制,在看病、社保、子女入籍、上学等诸多环节受到重重限制;还有的小商贩本身就是残疾人或身患疾病,生活尚不能完全自理,却还必须起早摸黑摆摊谋生。这些现象都表明:在城市化进程中,社区小商贩既是就业弱势群体,也是亟须政府和社会予以关爱的"被遗忘的角落"。

第二章　社区小商贩的生存状态：以湖北省武汉市为例

第二节　武汉市社区小商贩的社会影响

从调研情况来看，社区小商贩不仅能方便社区居民生活，创造经济价值，积累社会财富，同时也为推动城市发展、促进社区和谐做出了贡献。社区小商贩是市场经济的活跃因素、繁荣社区的有生力量、便民惠民的重要渠道，对政府治理水平和社区治理能力提出了更高要求。为社区小商贩营造以人为本、依法保障、规范运作、扬长避短的发展环境，不仅有利于拓宽就业渠道，缓解城市低收入群体的就业压力，也有利于化解城市化进程中生活配套设施建设滞后的难题，充分满足群众日常消费需求。与此同时，社区小商贩群体的迅速扩张，也带来了诸如占道经营、环境污染、卫生隐患、侵犯消费者权益、从事不正当竞争等一系列社会问题。具体而言，根据课题组调研掌握的实际情况，将当前社区小商贩造成的社会影响概括为正面影响和负面影响两方面。

一、社区小商贩的正面影响

首先，社区小商贩活跃了市场经济，为推动城市发展做出了贡献。市场经济的本质在于满足人的需求，人是市场经济中最关键的要素。有了人，就会产生需求；有需求就会产生供应，供求因素汇聚到一起就形成了市场。从调研情况来看，社区小商贩不仅为武汉市民提供了大量日常生活所需的商品和消费服务，也为城市生活创造了新的商业模式，引入了新的商业文化。例如"5角麻辣烫""1元店""2元擦鞋"之类的低价营销模式最早就是由武汉市硚口区汉正街的外来小商贩引入到居民社区的。随着小商贩日益活跃，他们不仅扎根社区开辟了新的市场，迎合了居民的消费需求，还促使本地大型商贸企业直面激烈的市场竞争，为保生存、求发展而奋起直追，不断创新经营理念、优化经营策略。近年来在武汉市各大社区迅速崛起的"中百便民超市""可多连锁店"就是典型的例子。由此可见，在推动武汉市小商品经济繁荣发展与促进市场机制不断成熟方面，社区小商贩功不可没。

其次，社区小商贩改善了社区购物环境，为促进社区繁荣做出了贡献。作为市场经济的基层载体，社区经济必须依靠完善的市场网络做支撑，营造既能充分满足居民消费需求，又能刺激居民消费欲望的购物环境。社区小商贩的日益活跃，不仅为居民提供了种类丰富、品目繁多的商品和服务，还创造了新的经营方式和经营理念，更加贴近居民的日常生活。虽然从经营规模来看社区小商贩只能算是本小利微，却能发挥"船小好掉头"的优势，主动抢占市场空白点，不断调整经营方式，充分迎合消费需求。零散化的社区小商贩与集成化的大型商贸企业相辅相成，共同改善了社区购物环境。如今，武汉市的百步亭社区、常青花园、南湖花园等大型社区内既有武商量贩、中商百货之类的大型连锁仓储超市，也有夫妻店、小作坊之类的传统商业，还有大量小商贩出没于社区的各个角落，共同构成了完善的市场网络，为社区经济的繁荣发展奠定了良好基础。

再次，社区小商贩满足了多样化的消费需求，为服务基层民生做出了贡献。"出门七件事，柴米油盐酱醋茶"。居民的消费需求五花八门，而大型购物中心和商场很难满足居民个性化、差异化的购物需求。社区小商贩采取"化整为零"的经营方式，具有先天的价格优势，从业地点灵活机动，主要经营方式贴近百姓日常生活，从针头线脑到柴米油盐无所不包，有的小商贩甚至还能"按需定制"，提供预约送菜、上门回收、量体裁衣、给宠物洗澡等个性服务，极大地满足了居民的消费需求。

第二章 社区小商贩的生存状态：以湖北省武汉市为例

最后，社区小商贩缓解了城市就业压力，为拓宽就业渠道做出了贡献。随着城市化进程加快，就业难问题日益突出。2015年，全国城镇新增长劳动力约有1500万人，其中包括近750万高校毕业生。要实现全年城镇新增就业1000万人以上的目标,必须付出艰巨的努力。[①]在就业形势日趋严峻，连高校毕业生都很难找到理想工作的前提下，社区小商贩通过自力更生、自谋职业，主动开拓就业渠道，不仅降低了政府调控就业资源的成本和管理压力，也缓解了城市就业矛盾，为社区创造了新的就业途径，应当得到社会的尊重和认同。

二、社区小商贩的负面影响

首先，从社区小商贩的职业性质来看，具有浓厚的逐利特征。俗语说"在商言商"，社区小商贩虽然属于非正式就业部门，却仍然具有"经济人"的特征。在经济利益驱动下，有些小商贩为了实现利润最大化，明目张胆地制造、销售假冒伪劣、过期变质商品，或习惯于以次充好、短斤少两等不诚信经营行为，侵犯了消费者的合法权益，扰乱了社区经营秩序。还有的小商贩习惯于"打一枪换一个地方"，卖完就走，根本不提供任何售后服务，让消费者投诉无门。

其次，从社区小商贩的群体特征来看，加大了社区治理的难度。由于社区小商贩群体大、人数多，人员构成复杂，且多为独立经营，自发性行为较多，小商贩之间恶性竞争、扯皮拉筋等内部矛盾也较多，加大了社区对其日常经营行为的监管难度。不少社区小商贩属于临时租住在社区的外来人口，相关人口信息难以掌控，不利于卫生保洁、疾病防疫、防火防盗等社区管理工作顺利开展。有的小商贩文明经营素质较差，习惯于垃圾随

---

① 江鑫娴：《城镇千万人需安排就业学生占多数》，载《文汇报》2015年3月10日第4版。

意丢弃，破坏了社区环境卫生。有些住在一楼的居民将自家门面出租给小商贩，由此产生的噪声污染、灯光污染和废烟废气污染严重干扰了居民的正常生活，让居民叫苦不迭，甚至激化邻里矛盾。

再次，从社区小商贩的经营习惯来看，对道路交通安全影响较大。《道路交通安全法》明确规定：擅自占用或者挖掘城市道路的，以及未经批准，擅自占用城市道路作为集贸市场的，市政工程行政主管部门应当责令限期清退，恢复城市道路功能。然而，不少社区小商贩习惯于在社区主干道、车站、停车场或狭窄的居民通道等人流量大、市场需求旺盛的地方摆摊设点，或直接占据道路路面经营，尤其是在人流车流高峰期，极易造成交通堵塞，给交通安全带来隐患。例如，课题组在调研中发现，武汉市硚口区汉正街的一些老旧社区长期存在小商贩扎堆摆摊经营，挤占数百米的消防通道，甚至在消防设施周边乱搭乱建，一旦发生火灾险情就难于应对，容易造成严重后果。

还有，从社区小商贩的经营条件来看，造成了食品安全隐患。目前，我国的食品生产加工小作坊、餐饮业小商贩占食品生产经营者的绝大多数。据国务院食品安全委员会办公室统计，目前全国10人以下小企业、小作坊达44.8万家，约占食品生产加工企业总数的80%。而无证无照的餐饮业小商贩更是不计其数。① 以湖南省为例，目前该省共有食品生产加工单位3.7万余家，食品小作坊3.03余家，餐饮业小商贩7万多家。② 课题组在对武汉市汉阳区江堤街道、江汉区新华路街道、汉兴街道下辖11个社区的调研中发现，卖菜、卖早点、卖副食的小商贩所占比重最高，达到52.89%。这

---

① 余瀛波：《小微企业食品监管立法不能推给地方》，载《法制日报》2014年12月25日第2版。
② 李小健：《食品小作坊小摊贩：食品安全事故"高发区"》，载《中国人大》2012年1月10日。

第二章 社区小商贩的生存状态：以湖北省武汉市为例

些餐饮业小商贩散布在社区各个角落，生产设备、操作流程和销售条件十分简陋，生产工艺落后，大多数从业人员都不具备起码的食品安全常识和安全生产技能。加上我国现行的食品安全监管体制还存在政出多门、职能交叉、基层监管薄弱等弊端，造成了社区小商贩食品安全问题的监管漏洞。

最后，从社区小商贩的流动性来看，加大了社会治安综合治理的难度。由于社区小商贩多为外来人口，流动性大，人员复杂，有的少数民族小商贩习惯聚群而居，组织性较强；一些小商贩聚集的社区甚至长期有刑满释放人员和吸毒者混杂其中，加大了社会治安综合治理的难度。个别小商贩为牟取暴利，采取"打游击"的方式躲避行政执法，私下兜售法律所严格禁止的盗版书籍、淫秽光碟、赌博器具、非法药品甚至管制刀具和仿真枪械，不仅侵犯了他人的知识产权，也违反了《刑法》和《治安管理处罚法》的相关规定，增加了社区不稳定因素，使社区小商贩成为社会治安综合治理工作的"敏感区域"。

第三章　当前社区小商贩管理中存在的问题

第一节　"一元化"管制思维难以适应社会发展需要

长期以来，受到"大政府——小社会"的计划经济模式影响，政府习惯于奉行高度集权的"一元化"行政体制和以"管制"为导向的决策方式，导致"一元化"管制思维盛行。所谓"一元化"管制思维，是指将政府作为唯一的管理主体，由政府单方面主导公共事务，独占权力资源，崇拜权力万能，热衷权力集中，强调命令与服从，排斥民主协商，不尊重社会发展客观规律的管理思路。

具体而言，"一元化"管制思维具有如下特征。

首先，将社会管理活动的主体划分为管理者与被管理者两个层面，强调管理者对被管理者施加命令或进行约束。其次，政府是管理者的唯一代表，掌控绝大部分社会资源，既是"全能政府"，又是"全责政府"，包揽独办几乎所有的社会事务，承担全部的社会责任；公民、企业和各类社会组织成为被管理的对象，只能被动服从政府管理。再次，"管制"的实

第三章 当前社区小商贩管理中存在的问题

质是一种自上而下的控制，具有强制性色彩。上级发出指令，下级必须无条件服从。从"管制"一词的原意来看，在经济学理论中，"管制"是指政府以经济管理的名义对经济活动进行干预。[①] 由于价格调控机制的缺失，政府注定永远都得不到充足的信息，也就无法准确地对经济运行进行科学测算，必然会造成管制失败和经济崩溃，[②] 哈耶克将这一现象称为政府"致命的自负"。

从我国国情来看，在新中国成立后相当长一段时间内，"一元化"管制思维成为政府管理社会的主导思想，曾经在一定历史时期内产生过积极作用。政府通过最大限度地集中权力资源，强制性调整一定范围内的社会关系，从而达到消除无序状态的目的。然而，随着社会变迁和政治文明进步，这种日趋保守、封闭、僵化的管制思维已经越来越不适应经济社会的协调发展，无法有效解决社会转型期出现的各类利益冲突，难以充分满足社会治理创新的时代需求。在社区小商贩治理领域，长期以来形成以工商部门和城管部门为主体，以"一元化"管制思维为主线，以围追堵截、罚没取缔为主要方式的行政管理体制的弊端尤为明显。

一、"一元化"的政府主导模式导致行政管理成本居高不下

在计划经济时代，政府作为唯一的管理者，热衷于垄断和控制一切权力

[①] 西方经济学者对"管制"的定义可谓仁者见仁。例如，著名经济学家 Paul Anthony Samuelson 认为，管制是政府通过行政命令，改变或控制企业的经营活动而颁布的规章或法律。Viscusi 等学者认为，管制是政府以强制手段，对个人或组织决策的一种强制性限制。Daniel·F·Spulber 则认为，管制是政府制定并执行的直接干预市场或间接改变供需决策的行为。日本学者植草益认为，管制是指社会公共机构依照一定规则对企业活动进行限制的行为。参见"管制"词条释义，来源于百度百科：http://baike.baidu.com/subview/31220/8592257.htm#viewPageContent，2015-02-02。

[②] 嘉杰：《管制思维为什么不可持续》，载《东莞日报》2012年3月19日第4版。

资源，得不到来自公民、企业和社会组织等多方社会主体的广泛支持与响应。而"政府之手"的长度毕竟是有限的，面对复杂化、碎片化的社区小商贩管理工作，政府往往显得力不从心。在"一元化"的政府主导模式下，掌控所有权力资源的政府容易陷入对市场活动干预过度、社会资源耗费过多、官僚机构臃肿冗杂的"怪圈"：所有管理决策无论大小都要政府出面逐一"拍板"，所有管理事务无论巨细都要靠政府亲力亲为，结果造成政府因承担了过多责任而不堪重负，导致行政管理成本不断攀升，行政管理效能日益低下。

二、命令式的"管制"思维容易激化政府与小商贩的矛盾

德国社会学家 Lewis Coser 认为，社会矛盾和冲突根源是多元的，"权力、地位和资源的分配不均及价值观念"都可能导致冲突。① 而命令式的"管制"思维更容易加剧社会冲突，激化政府与小商贩之间的矛盾。2003 年 10 月，印度新德里曼迪普尔区经营电话亭生意的小贩苏什尔·库马尔被警察驱赶、殴打致死，引发近 3000 民众与警察的流血冲突，警方最后动用了催泪弹和棍棒才平息了骚乱。② 2014 年 1 月 8 日，一名南非比勒陀利亚的菜贩因抗拒警察没收货物，而被警察开枪射杀，警察甚至拒绝救护车对其进行救治。③ 2014 年 7 月，美国纽约市几名警察在巡逻时，怀疑黑人小贩埃里克·加纳非法销售香烟，在抓捕中一名警察竟然将手无寸铁的加纳活活掐死。④ 在我国现阶段，由于过分强调"管制"而忽视了社会治理的活力，政府单向的控制思维弱化了社会能动性，忽视了社会主体的多元化与参与

---

① 徐玮：《论科塞功能冲突论及其安全阀理论在我国的应用》，载《广西青年干部学院学报》2007 年第 4 期。
② 钱峰：《警察打死小贩惹怒 3000 民众》，载《环球时报》2003 年 10 月 24 日第 6 版。
③ 《南非小贩被城管枪杀》，载《海峡都市报》2014 年 1 月 11 日第 6 版。
④ 《白人警察勒死黑人小贩免罪》，载《广州日报》2014 年 12 月 5 日第 8 版。

第三章 当前社区小商贩管理中存在的问题

性,导致社会自治功能发育缓慢,公民和社会组织的自我管理、自我约束、自我服务功能极不健全,甚至造成各类社会利益冲突不断积累。由于受到绩效考核等"政绩指标"的硬性制约,有的地方政府部门为尽快完成市容整治或市场管理任务,经常对小商贩实施以打击和取缔为主的"运动式执法""围剿式执法"。课题组在社会调研中发现,有的城市为创建"全国文明城市",在给各城区下达的绩效考核指标中,明确提出"街面无任何流动摊贩摆摊设点"的任务。由于基层执法队伍素质参差不齐,个别执法者在执法过程中不讲法治思维、不按规矩办事,习惯于通过简单粗暴的执法手段对小商贩进行围追堵截、掀摊砸椅甚至强行罚没;而小商贩为维护自身利益,不惜与执法者发生推搡、拉扯,甚至造成矛盾升级和冲突加剧。据报纸刊载,仅2013年1月至8月,广州市城管部门共遭遇暴力抗法案件199宗,城管人员受伤99人,几乎每周就有三名以上城管队员受伤。[1]2006年8月,北京海淀区小商贩崔英杰与城管产生纠纷。崔英杰举刀猛刺海淀区城管监察大队海淀分队副队长李志强,造成李因伤势过重殉职。[2]2009年5月,沈阳市小商贩夏俊峰和妻子在马路上摆摊被城管部门查处。在勤务室接受处罚时,夏俊峰与执法人员发生争执,用刀刺死城管队员两名,致一人重伤。[3]2013年7月,湖南省临武县卖瓜小商贩邓正加与城管执法队员发生争执冲突,致邓正加死亡。[4]这三起小商贩暴力抗法案件在全国引发了广泛关注和激烈争议,在无形中进一步加剧了小商贩与管理者之间的对立和冲突。

---

[1] 姜玉龙、郑佳欣、黄少宏:《广州今年平均每周有3名城管受伤》,载《南方日报》2013年9月9日第1版。

[2] 赵凌:《"小贩杀城管案"崔英杰:死缓》载《南方周末》2007年4月12日第6版。

[3]《沈阳刺死城管小贩夏俊峰今日被执行死刑》,来源于腾讯网:http://news.qq.com/a/20130925/004591.htm,2014-12-20。

[4]《湖南郴州城管被曝打死小贩,当地介入调查》,来源于腾讯网:http://news.qq.com/a/20130717/016219.htm? from=www.hao10086.com,2013-07-17。

三、政府管制行为无法克服政府失灵的弊端

"政府失灵"（Government Failure）理论认为，政府在提供公共物品时趋向于浪费和滥用公共资源，导致公共支出规模庞大，管理效率大幅降低，难以有效实现调控目标。[①] 在社区小商贩治理过程中，因政府管制不当而造成"政府失灵"的问题更加突出。具体表现为：一是决策信息资源的有限性。政府在主导社会管理、宏观调控市场的过程中，由于收集、掌握和研判的信息量不足，难以准确客观地做出决策，导致公共决策偏离了社会需求，达不到预期效果。例如，有的城市建设水果集贸市场，规划选址时却没有考虑到时令水果的物流仓储问题，结果市场建成后入驻的小商贩寥寥无几，门可罗雀。二是市场行为控制的低效率。在政策实施过程中，由于信息不对称、传递不及时，造成小商贩无法及时了解和回应政府决策，其经营行为往往容易偏离政府决策的预期目标。此外，生产要素流动、价格波动、市场风险等因素也是政府无法完全掌控的，导致政府难以实现对市场行为的有效控制，管理效率大打折扣。三是权力寻租现象的扩张性。行政法学中的"控权论"认为，政府权力有膨胀和扩张的趋势；一旦权力得不到有效控制，缺少监督和制约，就容易滋生权力寻租和腐败，出现不作为、乱作为和滥作为现象，使政府权力偏离公共价值轨道，进而降低了政府公信力。

第二节 社会上对社区小商贩的认识存在偏见

从原始社会"以物易物"的简单商品交换，发展到汉代具有一定经营

---

① 参见"政府失灵"词条释义，来源于百度百科：http://baike.baidu.com/view/690856.htm，2015-02-02.

第三章 当前社区小商贩管理中存在的问题

规模的"早市夕市",再发展到现今遍布社区巷尾的流动经营个体,小商贩伴随着人类社会演进而长期延续下来,是经济活动中不可或缺的活跃要素,理所当然是一种历史悠久的正当职业。然而,当今社会却普遍将社区小商贩当作一种"非正当""不入流"的行业另眼相看,在观念认识上存在偏差。课题组在走访调研中发现,大部分市民都能够认同社区小商贩为日常生活带来便利,但也有不少市民对小商贩较为反感。有市民认为,小商贩随处摆摊占道,尤其是在社区和学校门口堵塞道路、抢占车位经营,恶化了出行环境;有市民提出,小商贩营业产生的垃圾、废水不愿主动清理,卫生条件差,是破坏社区环境的"罪魁祸首";还有少数市民认为,小商贩都习惯于缺斤短两、以次充好,不讲诚信也不值得信任。从产生认识偏差的原因来看,由于长期以来中国社会存在"重农抑商"的传统思想,近代社会文明对小商贩群体的歧视与排斥,加上不少小商贩的经营水平、文明素质和守法意识不高,容易对社会环境和市场秩序造成种种负面影响,使得社区小商贩得不到社会的普遍尊重和认同。

一、我国自古以来就有"重农轻商"的传统

《史记·秦始皇本纪》载:"皇帝之功,勤劳本事。上农除末,黔首是富。普天之下,抟心揖志。"[①] 古代封建王朝为了维护政权统治,倾向于营造朴素、单纯、敦厚的社会风气,认为商业是市侩趋利的,而农业是务实本分的,商业与农业相比更具有扩张性;如果政府不能有效遏制商业的发展,任由商业自由扩张,最终会奴役农业,败坏社会风气。相对于"奸诈狡猾"的商人,统治者更喜欢"老实巴交"的农民,认为商人只会通过投机取巧、囤积居奇等手段与农民争利,扰乱社会秩序,必须受到法律的严格控制。

---

① 司马迁:《史记·秦始皇本纪》。

例如，《秦律》规定商人阶层必须编入"市籍"；而有"市籍"者及其子孙与罪吏、赘婿同属"贱民"之列，将随时被押送边疆服役。汉代继续实施"抑商"的高压策略，例如汉高祖曾规定商人不得乘车、穿丝绸衣服，而且要加倍缴纳税赋。数千年来中国社会"重农轻商"的文化传统和社会观念延续至今，直接影响到现代人对小商贩持有消极态度。

二、近代以来的主流社会文明排斥小商贩

十九世纪以来，随着西方文明不断扩张，中国传统的商品经济受到近代工业革命的强烈冲击，以小商贩为代表的小商品经济地位被严重扭曲，社会公众对小商贩的认识也开始出现偏颇。在清末改良主义运动之前，主张变法的社会精英就对包括贩夫走卒在内的"大众文化"进行了批判。他们推崇西方的市场理念，提倡大规模工业化，将小商贩这一历史悠久的商业模式与"不文明"的落后生产方式联系起来，将小商贩视为落后生产力的代名词；认为小商贩的身份不仅是低贱的，经营方式还是粗鄙、不入流的，是被主流社会文化所排斥的。这一观念一直延续到现在，仍然在深刻影响着当今时代的社会风气。

三、新中国成立后小商贩的发展进一步受到遏制

自新中国成立以来，小商贩的发展极为缓慢，在相当长的历史时期内受到政府的漠视甚至打压、遏制。首先，由于我国对生产资料实行社会主义公有制，作为私有制代表的小商贩经济长期被排斥在经济基础之外，只能被动接受社会主义改造。其次，建国初期面临的经济形势十分严峻，庞大的失业者队伍导致小商贩数量迅速膨胀，对经济和社会管理的消极影响较为突出，成为新中国政府整顿市场秩序的重点。再次，在"大跃进""人民公社"时期，举国上下开展"造神运动"，狂热崇拜工业提速和农业增产，

第三章 当前社区小商贩管理中存在的问题

小商贩的地位被进一步削弱。在"文革"极"左"路线的影响下，即便是以物易物的简单商品交换也被当作"资本主义尾巴"割掉。最后，改革开放之后，虽然小商品经济再度活跃起来，但由于受到计划经济体制和"一元化"管制思维的影响，小商贩仍然得不到政府的充分重视，反而被贴上了"不文明""不卫生""不讲秩序"的标签，被视为破坏城市秩序的主要根源。

上述原因，导致小商贩无法得到社会的普遍尊重和充分认同，无法具备与其他市场主体平等的社会地位，更无法充分享有参与社会治理、建言公共决策的机会。正是由于社会上对社区小商贩的认识存在偏见，使得小商贩难以与政府进行平等协商与对话，使社会治理工作难以赢得目标群体的充分配合与支持，进而直接影响到公共政策的有效执行。也正是基于这种社会观念的偏差，使得政府往往忽视了小商贩创造的社会价值，目光却紧紧盯在他们为城市管理和社区管理带来的负外部性上，进而造成政府管理思路不以人为本、决策内容不科学、管理方式不合理、执法程序随意化等一系列弊端。由此可见，如果不从根本上改变政府和社会对小商贩的看法和态度，仅仅依靠体制改革和机制创新，是难以从源头上破解社区小商贩治理难题的。因此，社会治理思路必须回归到观念和认知层面，重塑对社区小商贩的社会认同。

第三节 相关法律制度不完善

中共十八届四中全会《全面推进依法治国若干重大问题的决定》强调重大改革事项要于法有据，实现立法先行。法律具有最高行为准则的效力，由国家强制力保证实施，是一切社会活动必须遵循的标尺，也是一切管理主体的权力来源。完善的法律制度体系，不仅能充分保障社区小商贩的商主体地位、维护小商贩的就业权益，同时也能准确界定小商贩的权利、义务和法律责任，为开展社会治理工作提供直接的法律依据。

国外立法实践很早就对小商贩的法律地位做出了规定。早在1871年，英国就颁布了专门管理小商贩的《摊贩者法案》；我国香港的《小贩规例》和台湾地区的《台湾省摊贩管理规则》也都将维护摊贩权利、倡导摊贩自治作为立法重点。在大陆法系的立法传统中，一般都将小商贩作为商人群体的特殊类型——"小商人"来加以规定，即依法登记成立、资本金在法定数额以下，且从事小规模营利性活动的自然人或组织。例如《德国商法典》《日本商法典》《韩国商法》以及我国民国时期的《商人通例》和《商人通例实施细则》都对"小商人"的法律地位做出了详细规定。

从我国立法实践来看，尽管在2011年3月，吴邦国同志在十一届全国人大四次会议上就曾经宣布"中国特色社会主义法律体系已经形成"。然而，与全面推进依法治国的宏伟蓝图相比，我国的立法工作仍然存在诸多缺陷，主要表现为："有的法律法规未能全面反映客观规律和人民意愿，针对性、可操作性不强，立法工作中部门化倾向、争权诿责现象较为突出。"[①]大量立法都是针对公权领域，保障私权、贴近民生的立法所占比例较低。迄今为止，我国尚没有法律对"商人"的商主体地位做出明确规定，仅在1999年出台的地方法规《深圳经济特区商事条例》中规定了商人的概念，即"经依法登记，以营利为目的、用自己的名义从事商行为，且作为经常性职业的自然人、法人和其他经济组织"。除此之外，仅在极少数的法律条文和司法解释中，对不同类型的商主体的资格取得条件做出了一些原则性规定，散见在《民法通则》《公司法》《合伙企业法》《个人独资企业法》

---

① 参见《中共中央关于全面推进依法治国若干重大问题的决定》。

第三章 当前社区小商贩管理中存在的问题

和《个体工商户条例》等法律法规中。

从法理来看，由于民法和商法是一般法与特别法的关系，《民法通则》对自然人的规定同样也适用于商人，具体包括：所有公民都享有从事商行为的权利能力；18周岁以上的公民才具有完全从事商行为的行为能力；公民以个体工商户形式从事经营活动，必须经过商事登记，领取营业执照；农民可以通过农村承包经营户的方式从事经营活动。由此可见，我国现行法律对商行为的规定主要从自然人的民事行为角度进行阐述，并未对商人营业权的具体范畴做出界定。而社区小商贩未经商事登记，不属于法定的商主体，因此很难融入我国现行的商主体法律体系。[1] 目前，我国与社区小商贩治理直接相关的立法乏善可陈，法律条文十分抽象，缺乏可操作性，只有2014年新修订的《个体工商户条例》第30条做出了相关规定："无固定经营场所摊贩的管理办法，由省、自治区、直辖市人民政府根据当地实际情况规定。"而出于市容环境、城市规划以及管理成本等诸多因素考虑，各级地方政府专门针对小商贩进行立法的现象少之又少。目前仅有《广州市流动商贩管理暂行办法》《广东省食品生产加工小作坊和食品摊贩管理条例》《湖南省食品生产加工小作坊和食品摊贩管理办法》《辽宁省食品生产加工小作坊食品安全监督管理条例》等较为零散的地方法规、规章制定出台，且绝大部分都集中于食品行业，覆盖范围过于狭窄。由于小商贩的法律地位无法在我国现行法律制度中得到明确体现，治理小商贩的法律依据难以寻找到准确定位，因而在法治实践中不能将社区小商贩以"商人"的法定身份来对待，只能游走在合法与违法之间的"灰色地带"，身份十分尴尬。

---

[1] 王保树：《商法总论》，清华大学出版社2007年版，第111页。

第四节 守法成本过高，无照经营现象根深蒂固

所谓"无照经营"，是指社区小商贩没有依法领取营业执照就擅自开展经营活动，缺乏法律认可的从业资格，不属于法定的经营主体，其经营行为也得不到法律的维护和保障。具体而言，无照经营具有如下特征。

首先，从法理来看，所谓"执照"是指经营者取得合法经营权资格的凭证，主要包括《企业法人营业执照》和《营业执照》两类。前者主要针对企业法人，后者主要针对不具备成立企业法人条件但具备经营条件的市场主体。根据2002年国务院颁布的《无照经营查处取缔办法》第2条规定："任何单位和个人不得违反法律法规的规定从事无照经营。"第4条规定："应取得而没有依法取得营业执照，且擅自进行营业活动的属于无照经营行为。"由此可见，我国现行规章规定"无照经营"属于法律明令禁止的违法行为。

其次，从法律依据来看，我国现行立法中要求市场主体必须经过登记、取得商主体资格凭证的法律法规主要包括：《合伙企业法》第10条、《公司登记管理条例》第3条、《个体工商户条例》（2014年修订）第8条和第10条、《企业法人登记管理条例》第3条、《私营企业暂行条例》第15条、《个人独资企业登记管理办法》第3条、《合伙企业登记管理办法》第3条以及《无照经营查处取缔办法》等。此外，地方性法规和政府规章如2000年湖北省颁布的《无照经营行政处罚办法》、2001年四川省颁布的《关于进一步完善查处取缔无证无照经营工作机制的意见》、2002年广东省颁布的《查处无照营业行为条例》等也对无照经营做出了相应规定。

最后，从法律实施效果来看，尽管早在十几年前，从国家到地方就相

第三章 当前社区小商贩管理中存在的问题

继出台了严厉查处取缔无照经营行为的立法,但从现实情况来看,小商贩无照经营现象并没有因法律严格禁止而有所收敛,相反如"割韭菜"般不断激增,屡禁不止。据统计,仅 2007 年上海市的无证小商贩就有 5 万个以上。① 2012 年,上海市各级工商机关共取缔无证无照经营户 1.6 万户。② 2011 年 7 月,北京市海淀区城管监察大队当月处理的无照经营案件为 1608 件,占其执法案件总量的 29.8%。③ 2013 年,武汉市工商局统计仅八个中心城区的无照经营户就达 32993 户,其经营场所 91% 集中在社区及周边,经营范围大部分集中在餐饮业、小商品零售业、便民服务业等行业,经营者大多数为外来人员、下(待)岗职工等,其中市内下岗、失业、无业人员占 56.50%;外来创业者、打工人员占 41.73%;大学生、青年创业者占 1.76%。

从无照经营现象根深蒂固的成因来看,造成社区小商贩甘心铤而走险、敢于以身试法的因素主要包括四方面。

一、社区小商贩的守法成本过高

法律经济学认为:法的实施同企业经营行为一样,也存在成本收益的问题;其中最为重要的就是守法成本。所谓守法成本,是指全体社会公民遵守法律、服从法律所需要付出的代价。守法成本是评价法治社会发达程度的重要标准,如果守法成本低,人们就自然倾向于遵守法律、拒绝违法;如果守法成本居高不下,而违法所付出的代价又极小,人们就会为了逃避

---

① 陈书焕:《上海出台 < 城市设摊导则 > 马路摊点可以"有条件"经营》,来源于南海网:http://www.hinews.cn/news/system/2007/06/05/010113911.shtml,2014-06-12.

② 《上海工商整治无照经营喜获成效》,来源于中华人民共和国国家工商行政管理总局网站:http://www.saic.gov.cn/ywdt/gsyw/zjjyw/xxb/201203/t20120312_124798.html,2014-06-12.

③ 《北京市海淀区城市管理监察大队 2011 年 7 月份举报各类城市管理问题的情况通报》,来源于北京市海淀区政府信息公开大厅网站:http://www.bjhd.gov.cn/govinfo/auto4521/201110/t20111027_369181.html,2014-06-12.

守法的高成本转而主动选择违法。因此，在法治社会中守法成本对社会主体的行为选择具有关键性意义。

对于社区小商贩而言，要想成为"守法好公民"，就必须办理工商登记，领取营业执照。根据2014年新修订《个体工商户登记管理办法》的规定，小商贩登记注册为个体工商户，首要条件就是拥有固定经营场所，然后再向经营场所所在地的登记机关进行申请。然而，固定经营场所必然会增加额外的经营成本，这是绝大部分"本小利微"的社区小商贩难以承受的。因此，"固定经营场所"这一条件成为制约小商贩登记注册的最大障碍。以武汉市为例，在江汉区、武昌区这样的中心城区，人口密集度大，政府投资建设的固定经营场所（如集贸市场、便民市场和小商贩中心）数量不多，能够为小商贩提供的固定摊位极为有限。从课题组调研情况来看，一个小商贩要想在武汉市武昌区的集贸市场租用一个2平方米以内的固定摊位，每月租金加上税费高达3000元。①尽管2008年9月国家工商行政管理总局就曾下文停止征收"集贸市场管理费"，但在现实中不少集贸市场、便民市场仍然向小商贩收取卫生费、巡检费、除渣费、购买统一标识等大量隐形费用；在小商贩办理摊位租赁手续时还必须缴纳相应的登记费、"划位费"等。以湖南省湘潭市为例，在对多个集贸市场的调查中，59.41%的小商贩表示除租金及注册登记费用以外，还必须定期向相关部门缴纳市场管理费、卫生费、保安费等大量费用。②相比之下，根据世界银行、哈佛大学和耶鲁大学对美、法、英、加、中五个国家创业环境的调研报告显示，

---

① 按照目前的国家税收政策，对小商贩征税的方式主要有两种：一种是按照固定额收税，一种是按照工商管理费收取。目前，大部分集贸市场都是统一代为小商贩缴纳税款或者工商管理费，因此月租金往往较高。

② 李开盛：《城市流动摊贩生存状况调查》，来源于中国选举与治理网：http://www.chinaelections.org/newsinfo.asp？newsid=214798，2014-9-10。

第三章 当前社区小商贩管理中存在的问题

在美国、法国、英国、加拿大发达国家办理市场登记、申请执照及审批的成本只占国民人均年收入的1%；而在我国却占人均年收入的11%，几乎是发达国家的十倍以上。① 由此可见，由于办理工商登记的守法成本太高，让不少社区小商贩望而却步，迫于无奈只能选择无照经营逃避税费负担，被动地成为违法者。

二、行政审批手续烦琐

行政审批过多过滥，是困扰行政体制改革的一个重要原因。目前，我国工商登记领域的行政审批事项较为臃肿。在2014年6月国务院决定压缩工商登记现有前置审批事项、实行"先照后证"登记制度改革以前，小商贩办理注册登记业务的流程十分复杂，包括诸如开业登记、变更登记、停业申请、歇业登记、执照遗失补领及更换执照、验明执照等，每一项手续都必须经过烦琐的审批程序。有的城市还出台了近乎苛刻的地区性审批事项，如北京市1999年颁布的《关于加强对外地来京人员经商和利用违法建设从事经营活动管理的通知》规定，小商贩必须持初中以上学历证明、职业技能服务资格证书、《婚育证》等才能办理审批手续。② 目前武汉、广州等城市涉及小商贩办理营业执照的前置行政许可事项有100余项，几乎涵盖所有的政府职能部门，且审批费用高、门槛多、周期长。而在国外较为普及的电子商事登记制度虽然便捷，却由于技术成本高、信息安全性和真实性难以保证等因素，短时期内很难在我国推广。在现实生活中，不少政府职能部门还存在"门难进、脸难看、话难听、事难办"等"庸懒散"现象，导致审批流程一拖再拖。据统计，从企业登记注册到开业平均所需

---

① 钟岷源：《个体户遭遇"制度性冷漠"》，载《南风窗双周刊》2011年第11期。
② 参见《关于加强对外地来京人员经商和利用违法建设从事经营活动管理的通知》（京工商发〔1999〕263号）。

的行政审批事项,加拿大只需要2天,而我国则要110多天。① 如此烦琐的行政审批手续,既不符合2015年3月李克强总理提出"大道至简,有权不可任性"的行政体制改革思路,也不符合以人为本的服务型政府价值指向,让社区小商贩不堪重负。

三、城市化进程的负面影响

日新月异的城市化进程如同一把双刃剑,既为小商贩创造了无限商机,又给小商贩取得合法经营资格制造了障碍。在城市发展中,不少城市由于旧城改造步伐不断加快,因行政征收而引发的拆迁冻结范围越来越大。按照武汉、上海、西安等城市有关房屋拆迁管理的政策规定,一些原本有固定经营场所的个体工商户因房屋拆迁不能办理营业执照验照、年检或延期手续,在事实上处于无照经营状态。此外,还有一些地处城乡结合部、"插花地"的"小产权房"由于政策原因很难办理房产证明,无法满足领取营业执照的场所条件,在这些地区经营的小商贩只能望"照"兴叹。

四、小商贩故意逃避税费和监管

有的小商贩缺乏守法意识,在利益驱动下蓄意从事违法经营行为,故意逃避税收义务,不服从政府的日常管理和市场执法工作,甚至出现暴力抗法等极端现象。一些地方政府部门由于基层监管乏力、执法疲软,长期以来对无照经营户缺乏行之有效的管理手段,加之职能部门与社区之间、不同职能部门之间对于小商贩是否该坚决取缔的态度尚不一致,难以形成监管合力,导致无照经营户在事实上处于政府监管的边缘地带。这一现象带动了更多小商贩以"法不责众"的侥幸心理加入其中,造成无照经营户

---

① 钟岷源:《个体户遭遇"制度性冷漠"》,载《南风窗双周刊》2011年第11期。

第三章　当前社区小商贩管理中存在的问题

扎根基层社区，不断发展壮大。课题组在调研中发现，有的无照经营户甚至在同一社区内乱搭乱建、占道经营长达三代人，延续26年之久，成为扰乱市场秩序、破坏社区环境的"钉子户"。

第五节　政府部门协调机制不健全

在计划经济体制下，政府管理体制如同金字塔形结构，按照自上而下的垂直方式进行层级管理，每个职能部门只负责管理特定领域内的行政事务，强调相互独立、分工明确，目的在于从生产、流通、供给、运输等各个环节对市场进行全面掌控。然而，市场经济体制客观上要求在市场要素之间实现资源优化配置，并按照市场规律进行自然流动；政府部门之间的管理权不再相互独立，而是相互契合、分工协作。从规范公共权力运行的角度来看，一方面，由于政府职能转变不彻底，导致一些政府部门习惯于"一有权就任性"，将长官意识凌驾于市场规律之上，热衷于对市场活动指手画脚，行政干预过多、过滥；另一方面，由于成熟的市场监管体系在我国尚未完全建立，市场秩序容易受到干扰和破坏，大量市场领域的违法现象层出不穷，既不利于市场资源优化配置，阻碍了市场秩序合法化，也造成"政府之手"越伸越长，在行政管理层面不断设立越来越多的议事协调机构和临时办事机构，如河南省郑州市等地曾经设立的"馒头办""生猪办""西瓜办"和形形色色的"××工作领导小组"就是典型的例子，造成官僚机构臃肿不堪，部门协调机制僵化，行政成本居高不下，极大地降低了政府治理效率。

一、社区小商贩的监管部门众多，行政运行机制臃肿

据统计，在2013年3月国务院发布《机构改革和职能转变方案》之前，

国务院66个部门之间就有86项职权交叉。①在群众路线教育实践活动中，仅湖南省就砍掉各类"领导小组"和议事协调机构1.3万余个，江苏、内蒙古分别减少8472个和8081个。②由于社区小商贩的政府监管主体同时涉及工商、城管、公安、税务、卫生、民政、农业、食药监、质监、社保、消防、环保、计生等十余个职能部门，而不同机构之间又普遍存在机构重叠、职能分割、权责交叉、政出多门和执法趋利化等问题，一项具体的行政管理事项往往要经过多个部门反复审批、协调才能完成，行政运行机制臃肿不堪，一个"媳妇"就有十几个"婆婆"去管，不仅造成部门之间扯皮拉筋、"跑冒漏滴"等现象层出不穷，大量社会资源被行政机构重复消耗；更导致政府体系内部难以有效形成监管合力，造成宏观调控、市场监管、社会治理等职能被分散弱化，形成公共权力资源的"碎片化"现象。一旦部门协调机制缺位，就很容易造成监管疏漏，无法向公众提供优质的公共服务和全面的社会保障。例如，在武汉市工商局启动社区小商贩"一照式"备案管理试点工作后，民政部门和部分街道办事处对这一创新举措存在较大疑虑和担忧，认为工商部门的改革措施属于"越界"，会对自身工作带来不利影响。主要理由是：长期以来，社区居委会归属民政部门管理和指导，民政部门有权对社区内的经营服务点（如"社区服务中心"）核发《民办非企业法人证》。一旦工商部门将社区小商贩纳入备案范畴，民政部门认为工商部门有推卸监管责任之嫌，未能予以充分理解和支持。有的街道办事处则认为，工商部门此举可能会将无照经营的监管责任风险转移到社区，一旦因备案产生追责就要社区自己承担，而且可能会造成民政部门大幅削

---

① 权义：《减政放权是国务院改革的最大亮点》，载《东方早报》2013年3月11日第4版。
② 《全国砍掉馒头办、生猪办等13万"领导小组"》，来源于新华网：http://news.xinhuanet.com/yuqing/2014-10/23/c_127131826.htm，2015-04-08.

第三章　当前社区小商贩管理中存在的问题

减每年拨给街道的社区服务经费，因而态度十分消极。此外，行政体制机构重叠、政出多门等原因导致社区小商贩在领取营业执照后缴纳的日常行政事业性收费数量过多。据课题组调研统计，一家申办了营业执照的社区小餐饮店每年都要定期接受综合治理、卫生防疫、物价、消防、劳动监察、计划生育等多个部门的检查评比，要交纳诸如卫生费、环保费、城市管理费、劳动保障金等诸多名目的十余项费用，让不少小商贩望而生畏，主动放弃了申请营业执照的打算。

二、各部门执法权责不明晰，市场监管体制不畅

执法是国家行政机关行使法定职权的直接表现，也是行政管理的核心环节，直接决定了法律的实施效果。然而，在僵化的"一元化"管制思维影响下，各市场监管部门之间的执法权边界模糊，交叉执法、多头执法、执法寻租等问题十分突出。以餐饮业小商贩的监督管理为例，《食品安全法》采取的是"分类加分段"式的监管体制，监管主体众多，权责边界不明晰，造成各监管部门之间难以准确界定各自的执法范围，容易出现事权不清、相互推诿、互不买账的现象。从餐饮业小商贩的监管主体来看，目前是由农业部门负责初级农产品生产环节的监督管理；质监部门负责食品生产加工环节的监督管理；工商部门负责食品流通环节的监督管理；卫生部门负责餐饮业和食堂等消费环节的监督管理；食药监部门负责食品安全的综合监督、组织协调和依法查处重大事故。由于各级地方政府机构设置存在差异化，涉及食品监管的职能部门五花八门，武汉市目前共涉及16个部门，而成都市涉及20多个部门。这种"分类加分段"的监管体制极大地增加了行政管理成本，耗费了过多的执法资源，造成执法重叠，降低了执法效率。

此外，由于餐饮业小商贩的经营业态复杂多样，食品生产、再加工、批发、

零售等环节在执法实践中很难细化区分,进一步加大了行政执法的难度。目前,有的城市按照餐饮业小商贩有无"现做现卖"为标准进行区分,有的城市按照"是否提供餐饮服务"进行区分,还有的城市按照"是否在固定市场内经营"进行区分,缺乏统一的执法标准。有鉴于此,必须进一步明确各职能部门的市场监管执法权限和责任边界,理顺社区小商贩的市场监管体制。

三、行政效能低下,对社会发展缺乏回应性

回应性是一个公共管理学概念,是指政府对公众诉求的回馈和反应程度。对群众的利益诉求采取广纳谏言的积极态度,认真听取普通民众的呼声,不仅是建设服务型政府的应有之意,也是现代政治文明的典型特征。由于当前我国的行政管理体制普遍存在人浮于事、机构臃肿等现象,导致政府行政效能低下,再加上一些部门习惯于"闭门造车"式的封闭管理,不愿意主动接受外部监督、批评和建议,无法及时回应社区小商贩治理过程中各利益相关主体提出的利益诉求,造成公共决策难以真正反映经济社会发展的现实需要,各项管理措施得不到群众和社区小商贩的普遍理解和支持。例如,有的城市为迎接"全国卫生城市"考核评估,在引导小商贩进入市场内经营时禁止一切活禽宰杀,只允许出售冷冻半成品,让习惯于购买新鲜家禽的消费者叫苦不迭;有的城市在规划建设集贸市场和小商贩疏导区时,选址和档位规划不合理,既没有充分考虑到市场管理者的便利,又不愿意听取小商贩的意见,盲目决策,草率上马,造成实际效果与规划建设的初衷背道相驰。

第六节　政府基层监管工作存在隐患

课题组在调研中发现,社区小商贩治理工作越深入到基层,面临的阻

第三章 当前社区小商贩管理中存在的问题

力越大，使得基层职能部门的监管工作面临诸多困难。具体表现为：

一、基层工商部门的监管工作陷入进退两难困境

如前所述，造成社区小商贩无照经营的原因是多方面的，既包括经济、社会和历史原因，也包括市场经济条件下行政管理体制自身存在缺陷。这些因素使得基层工商部门在对社区小商贩进行监督管理时容易陷入进退两难的困境。

一方面，随着城市化进程加快，大量进城务工人员、下岗职工、残疾人等社会低收入群体因条件受限无法办理营业执照。在课题组的走访调研中，不少基层工商所的负责人坦言：由于营业执照是经营者取得合法经营权的唯一凭证，如果工商部门直接予以强行取缔，难免会受到社会公众和媒体质疑"政府不体恤弱势群体"的责难；但如果不予取缔，任其放任发展，一旦社区小商贩在任何环节出现问题，按照国务院《无照经营查处取缔办法》的规定，由于营业执照是大量行政审批的前置环节，工商部门都将作为无照经营责任的"兜底部门"而被追责。例如，一些社区小商贩非法加工卤腊制品，造成多人食物中毒。尽管食品安全属于其他前置审批部门的职责范围，但由于小商贩属于无照经营，工商部门就必须承担监管不力的责任，在无形之中加大了工商部门的执法风险。

另一方面，如果将超过工商部门的法定职责权限，或需要其他前置审批部门审批的小商贩全部纳入工商登记备案范畴，工商部门也担心会被其他部门指责"越权""滥作为"。如果某些前置审批部门（如城管、卫生、食药监、质监）以本行业法律标准为依据，认为绝大多数小商贩都达不到前置审批条件，坚决要求取缔，则大量小商贩都将失去赖以谋生的饭碗；如果不予取缔，小商贩的日常监管责任由谁来承担？这些疑虑在不少基层

工商所普遍存在，使工商部门的监管工作十分被动。

二、基层城管部门压力较大，执法方式简单粗暴

作为承担城市管理任务的重要主体，城管部门的工作职能除了与小商贩日常经营活动密切相关，还涉及组织编制城市综合管理工作计划；执行相关法律、法规、规章和政策；承担市容、园林绿化和环境卫生各类问题的发现、交接、督办和应急指挥调度；负责城市道路、桥梁维护、燃气热力等行业管理；负责城市景观灯光建设维护等，①工作任务十分繁杂。而且越到基层，城管部门的责任越大、压力越重。例如，自1997年北京市宣武区成立全国第一支城管队伍以来，其职责从最初的5大类、94项不断扩充为14大类、308项。相对于如此繁重的职责，全市目前具备正规编制的城管执法人员仅有5000余人。据统计，北京市共有小商贩约30余万人。从执法工作量来判断，1名城管执法人员就要负责管理60余名小商贩。②据报纸刊载，北京市海淀区羊坊店城管分队一个季度的人均加班时间达150小时，最多达到270小时，超出了国家规定工作量的4倍。③目前广州市城管部门的职责涉及15大类、321项，④沉重的工作压力让广州市一名城管支队副队长连续工作六十多天，结果猝死在家门口。⑤此外，在现行城市管理体制下，基层城管部门还会承担诸如社会治安综合治理、文

---

① 参见"武汉市城管委员会职能简介"，来源于武汉市城管委网站：http://www.whcg.gov.cn/znjj/4278.jhtml？myRootChannId=2374&myChannFid=2374&cId=2381，2015-04-23.

② 联合课题组：《深化首都城市管理行政执法体制改革研究》，载《北京市城市管理综合行政执法调研报告汇编》（2005年度）。

③ 季明、李舒、陈冀：《李志强事件对城管执法者的影响》，载《瞭望》2007年2月26日。

④ 莫于川：《从城市管理走向城市治理：完善城管综合执法体制的路径选择》，载《哈尔滨工业大学学报（社会科学版）》2013年第6期。

⑤ 朱小勇：《广州城管副队长连续数日深夜执法过劳死亡》，载《信息时报》2007年9月4日第7版。

明创建等大量政绩考核任务。如果没有按时完成上级部署的工作量,轻则会扣除奖金、受到批评,重则会受到行政处分。如北京市城管执法局成立以后所实行的"千分制"考核就是一种高强度的工作量考核。在权力寻租的利益驱动下,少数基层城管执法人员还存在"以罚没养执法"的现象,甚至有的上级主管部门还规定了每季度的罚款指标,完不成任务就会影响考核。[①]据2011年青岛市城管执法局的调研显示,约70%的一线城管人员感觉工作中承受的压力很大;约20.8%的人感到工作量大、身心疲劳;约76.2%的人认为应进行轮休、调休或发放加班补助。[②]执法者工作压力过大,直接导致执法效率低下,产生"执法倦怠"。此外,按照《行政处罚法》规定,执法者必须持有执法主体资格,且在行使处罚权时要严格依照法定程序表明身份、说明理由、送达处罚决定书等。但不少基层城管部门因工作强度太大,为了尽快完成任务,习惯于采用简单、粗糙甚至违反法定程序的工作方式,很容易引发与小商贩的矛盾冲突;在遭遇部分小商贩抗拒执法时,处于高度紧张状态的执法人员也容易冲动,采取"以暴制暴"的方式进一步加剧对抗冲突,激化执法矛盾。

三、部分基层执法人员素质堪忧

现阶段,我国政策规定具有正规编制的执法人员主要构成包括:一是因政府机构改革由工商部门、综治部门等划转而来,如城管和质监部门;二是军转干部回到地方后,被安置到基层执法部门;三是按照《公务员法》规定,经国家公务员及事业单位工作人员考试录用程序,直接从高校及社会上招录的人员。这些正规执法人员的文化水平较高,一般都具备相关工

[①] 王刚、衷野、刘巍:《城市管理者与摊贩的战争》,载《中国新闻周刊》2006年第33期。

[②] 《城管执法人员心理健康问题不容忽视》,来源于合肥市城管局网站:http://www.hefei.gov.cn/n1105/n32773/n88205/n88790/12885109.html, 2014-09-01

作经验或经过专门业务培训,总体素质较好。但也有少数基层执法人员素质偏低,业务能力较弱,依法行政意识淡薄,工作方式简单粗暴,很难让群众满意。此外,随着城市管理精细化程度越来越高,基层执法工作量不断增加,而政府机构改革又强调精简编制,导致基层执法队伍的人数远远满足不了管理需要。为化解沉重的基层执法压力,城管部门只能滥竽充数,让大量不具备执法资格的编外人员草率披挂上阵,如社区"协管员"等。这些编外人员主要从事辅助性管理工作,不具有行政处罚主体资格,大多没有经过严格的岗前培训,法治意识不强,职业道德素质和业务水平根本达不到执法者的法定要求,权力在他们手中随时可能面临失控,变成寻租牟利的工具,甚至沦为地方黑恶势力的保护伞。

四、行政处罚监督乏力

从课题组对武汉三镇 11 个社区、316 户小商贩开展的调查问卷情况来看,希望"不被执法人员驱赶、处罚"的社区小商贩高达 59.91%,充分反映出社区小商贩对行政处罚问题的高度关注。所谓行政处罚,是指行政机关依法定职权和程序对违反行政法规、尚未构成犯罪的相对人给予行政制裁的具体行政行为。行政处罚会对社区小商贩产生强制效力,带来严厉的制裁后果。一旦缺乏监督和制约,就会造成处罚权滥用,侵犯行政相对人的合法权利。

首先,行政处罚缺乏上级主管部门监督。政府监督在行政监督体系中的主体地位不明显,牵头作用不突出。整个监督体系没有形成"主次匹配、相互协作"的良好格局。以城管部门为例,该部门属于综合执法机构,国务院《关于进一步推进相对集中行政处罚权的决定》规定其机构设置则由各个城市自行决定,由此出现了城管机构设置五花八门的现象:如合肥市城管部门挂靠在市容环境卫生管理局下;北京市城管局隶属市政管理委员会;还有城市的城管部门由城乡建设委员会主管。由于定位模糊,使得上级主管部门难以对基层城管部门的行政处罚权进行有效监督和制约。

其次,行政处罚缺乏程序监督。根据我国现行的行政体制,监督权从属于执行权,而执行权本身又普遍存在职能交叉、权责模糊等问题,使程序监督的职能配置大打折扣。我国《行政处罚法》有关行政处罚程序的规定较为抽象,缺乏具体的实施细则;而行政处罚权又具有行业性质上的特殊性,城管、工商、卫生、质监等不同主体的行政处罚权各有区别,造成不少执法部门的具体处罚行为缺乏程序上的刚性约束。

最后,行政处罚缺乏行政相对人监督。按照《行政处罚法》规定,小商贩对行政处罚有辩解、检举、揭发的权利。然而,在实践中由于小商贩本身就属于无照经营,缺乏法定营业资格,面对强势的执法者本身就"矮了一头",不得不忍气吞声。即便按照《行政复议法》与《行政诉讼法》的规定,被处罚的小商贩可以申请行政复议和行政诉讼,但在现实中罕有胜诉的案例。究其原因,一方面小商贩并不了解申请复议或者提起诉讼的法定条件,缺乏收集证据的意识,在需要举证的时候往往难以举证,造成盲目救济;另一方面,由于目前我国行政救济的成本较高,小商贩申请复议或者提起诉讼所需耗费的时间、金钱远远超过其被罚没的财物价值。不少小商贩为避免遭受更多的损失,只能主动放弃维权救济。

第七节 城市资源配置不合理,配套服务设施滞后

长期以来,我国实行"增长优先论"的发展战略,强调经济总量的高速增长,在地方政府考核指标体系中 GDP 增长率所占比重极大。在这种政

绩考核体制之下,地方政府所追求的GDP政绩已经被异化为单纯的"数字式"增长,片面追求短期效应。① 这一现象既不符合科学发展观,也不利于产业均衡化发展,造成社会资源的重复投入和市场结构失调。与此同时,"增长优先论"左右了地方政府的决策思维,直接影响到城市发展战略等公共决策的制定和实施。目前,我国许多城市不顾自身条件限制,超前进行大规模城市改造,在发展战略上出现了偏差,城市发展过于求"大"求"快",连一个人口不足百万的县级市也提出建成"特大城市"的口号,却忽视了居民的基本生活需求和地方经济水平的客观情况,扭曲了城市资源配置,造成城市服务系统功能失调。例如,城市中高楼大厦、奢华广场、地标建筑鳞次栉比,而市民日常所需的早点摊、修车摊和报纸摊却踪迹难寻。由此可见,城市资源配置不合理、服务配套设施落后进一步加大了社区小商贩治理的难度。

一方面,人口不断膨胀使城市空间资源具有稀缺性。由于企业远比小商贩更具有规模经济效应,为吸引更多企业以创造GDP,不少城市都在大张旗鼓地招商引资,将大部分城市空间资源留给企业;与之相关联,留给小商贩经营的城市空间就会被严重挤压,由此形成了日益庞大的社区小商贩群体和狭窄的发展空间之间供需失调的矛盾。由于城市和社区对小商贩的容纳能力不足,造成市民的生活需求无法得到充分满足,进一步加剧了生活性公共物品供给短缺,扭曲了政府的公共物品供给结构。

另一方面,政府在城市空间配置上的区别待遇,导致容纳小商贩的公共设施和配套服务供给严重不足,制约了社区小商贩正常经营活动的开展。例如,集贸市场是典型的城市公共设施。在城市化进程中很多旧市场被拆

---

① 在管理心理学中,"短期效应"是指由于短期行为而引发发展后劲不足的现象。

第三章 当前社区小商贩管理中存在的问题

除,短时间内又难以寻找到替代场所,使得小商贩只能四下流动经营,"打游击"。此外,随着市场化水平提高,政府部门不再对城市商业网点进行统筹全局的总体规划,而是交给开发商承担,造成某些地区商业网点的规划设计极不合理:开发商能赚钱的商品房、写字楼越建越多,留给小商贩经营的公益性基础设施却越建越少。由于固定经营场所的匮乏,进一步刺激了小商贩无照经营现象,形成恶性循环。

第八节 社区居委会权责定位模糊

基层社区是小商贩开展日常经营活动的主要平台,也是对小商贩进行规范引导和监督管理最直接的载体。按照《城市居民委员会组织法》规定,社区依法享有社区自治权、社区协管权和社区监督权。其中,社区居民委员会是基层群众性自治组织,有权对本社区公共事务进行日常管理,做好社区服务、社会保障、社区治安、社区环境卫生、计划生育、社区文化教育等各项工作;根据责权利相一致原则,有权协助政府部门从事社会管理工作,并接受相关部门拨付的经费,实行"费随事转"。然而,针对小商贩无照经营给社区治理带来的难题,现行法律制度并没有直接规定社区居委会具有市场管理主体的法律地位,也没有授权社区居委会行使哪些管理权力,导致现行体制下社区的权责定位十分模糊,社区居委会的权力、义务和责任边界尚不明晰,造成社区自治功能难以被充分激活,无法有效发挥基层监管作用。

一、社区居委会顾虑重重,难以有效承担治理重任

在课题组走访调研中,有的社区居委会主任坦言:居委会处于一无权、

二无钱、三无能力的"三无状态"，相对于政府部门和街道办事处而言属于典型的弱势地位，没有能力担负起监管职责。首先，由于社区居民委员会是群众性自治组织，被排除在公权机关之外，既没有审批权也没有执法权。面对无照经营的小商贩，当居委会收到居民投诉时只能以调解纠纷为主，无法直接针对小商贩做出处理决定，难以对其违法经营行为产生威慑力。其次，有的社区居委会认为，自己既没有财政收入，也没有渠道获得更多的财政拨款，更谈不上资金投入，连"社区服务中心"办理营业执照的注册资金基本上都是虚置。而帮助小商贩取得合法经营资格，既没有相关法律规定，也没有政策程序规定，使得监管工作无法可依。再次，在责任承担方面，有的社区居委会担心，由社区出面监管小商贩，一旦小商贩经营出了问题，社区要被连带追责，认为社区参与小商贩治理工作只能算是为工商和城管部门"分忧"，对社区而言只有义务没有责任。最后，从社区自身能力来看，负责与小商贩打交道的社区工作人员素质普遍不高，大多缺乏实际管理经验和业务技能，对法律、法规和政策较为陌生，难以有效肩负起监管重担。

二、社区居委会与政府部门意见不统一

为破解小商贩无照经营难题，武汉市在探索"一照式"备案管理试点工作中，工商部门曾提出将社区小商贩挂靠"社区服务中心"统一管理，由工商部门给"社区服务中心"颁发营业执照并进行备案。而不少社区居委会却持不同看法，对于将哪些行业纳入备案管理范畴与工商部门存在明显分歧。工商部门坚持认为，按照国家法律规定，一些潜在危险较大、容易引发安全事故、需要前置部门审批的行业如中晚餐饮、网吧、卡拉ok、休闲屋、酒吧、游戏机室等，不能纳入备案行业范围；但社区认为，只要能促进社区繁荣、满足居民生活需求且愿意服从社区管理、缴纳管理费用的小商贩，应全部纳入备案范畴。希望工商部门能尽量拆除门槛，取消限制条件，吸引更多的小商贩进驻社区服务中心。此外，一些位于老旧城区和城乡结合部的社区居委会由于人手少、资金短缺，对小商贩的日常监管感到力不从心，他们也希望放宽备案范围，缓解工作压力。由于工商部门与社区居委会对备案行业的意见不统一，造成工商部门出台的政策和指导意见在基层社区难以贯彻落实。有的社区还擅自扩大备案行业范围，将一些需要前置审批的高危行业纳入进来，全部挂靠在社区统一的营业执照下，加大了小商贩监管工作的风险。

三、社区居委会的行政化倾向较为突出

《城市居民委员会组织法》明确规定：居民委员会的主要工作是保持与居民的密切关系，倾听居民诉求，制定建设与保护社区的计划方案，并组织居民付诸行动。按照这一规定，对社区小商贩进行规范管理，理应属于社区居委会的自治功能之一。然而，由于"政府之手"在公共领域具有强扩张的本能，一旦缺乏监督制约，政府权力就容易出现越位、缺位和错位，造成权力失控，过度干预社区自治，使社区居委会呈现出明显的行政化倾向，严重阻碍了社区自治功能的发挥。

首先，由于政府管理社区小商贩的同时涉及工商、城管、民政、税务、食药监、质监、卫生等诸多部门，在"一元化"管制思维影响下，这些职能部门掌控大量权力资源，在社会关系中居于顶层强势地位，习惯于对作为基层自治组织的社区居委会发号施令；一些职能部门热衷于挥舞财政大权的"指挥棒"，将大量业务工作转嫁给社区居委会承担，而且还通过下达各项任务指标，动辄对居委会进行考核约束，完不成额定任务就要扣减经费或工资福利。对于社区居委会而言，长期形成的依附性，也使得社区

习惯于通过服从政府命令获取经费和财政支持。例如，工商部门管理个体服务网点的补贴费，就可以由工商部门向社区拨付，作为社区管理经费。这一现象使社区与政府职能部门之间形成了强烈的依附关系，导致社区无法真正掌握治理小商贩的主动权。

其次，从人事管理来看，社区工作者既不属于公务员编制，也不属于事业编制。正如一位社区工作者所言："干着公务员的活，拿着比低保稍高的工资。"而各级政府和作为派出机构的街道办事处过多干涉了社区居委会的人事管理，使得部分社区工作者形成了"对大不对小、对上不对下、对官不对民"的错误观念，只重视上级领导的评价，却忽视了社区居民的真正需求，对社区小商贩的切身利益漠不关心。

最后，随着市、区、街道各项考核检查工作不断增多，"上面千条线，下面一根针"，社区工作者往往要承担大量繁杂的工作任务，如维稳、计生、再就业、养老、低保、救助、残疾人、文体、社区矫正、健康教育、消防、环境卫生等，既没有时间也没有充足精力组织居民开展自我管理、自我服务，自然也就难以发挥社区居委会在小商贩治理中的主体作用。

第九节　现行户籍制度排斥外来小商贩

户籍制度是国家管理公民人口基本信息的法律制度，以保障公民充分享有就业、教育和社会保障等方面的法定权利为目标。目前，我国建立于计划经济时代的户籍制度已经明显不合时宜，造成了显性化、制度化的社会不公正，加剧了城乡割据与地区隔离现象，导致社会利益结构严重失衡。[①]

---

① 李建民、张车伟、王放、朱宇：《户籍制度改革：进程中的困境》，载《人口与发展》2012年第6期。

第三章　当前社区小商贩管理中存在的问题

据 2015 年 1 月国家卫计委发布的《中国流动人口发展报告》，目前全国流动人口总量达到 2.45 亿，特大城市人口的聚集态势仍在持续加强；流动人口平均的年龄从 2011 年的 33.1 岁提高到 33.7 岁。① 随着城镇化进程加快，保守的城乡二元户籍制度使涌入城市寻找就业机会的农民身份变得更加模糊。由于现行户籍制度中存在各种排外性政策，大量外来小商贩只能在街头巷尾从事摆摊设点、沿街叫卖等底层行业，无法享有与本地经营者均等的公共服务和社会保障。例如，2005 年上海市出台的《关于规范非正规就业劳动组织管理的若干意见》明确规定：非正规就业劳动组织从业人员的主体应当具有本市户籍；外地从业人员所占比例不得超过 30%，否则不给予优惠政策。排斥外来人口的户籍制度使外来小商贩在城市中自谋生计十分困难，劳动技能长期得不到提升，很难获得高水平、高报酬的就业机会，只能靠出卖体力或从事小本买卖维持生计，长期位于城市收入体系的最底层。有鉴于此，政府应积极针对新生代流动人口的发展需求研究对策，不断扩大公共服务和社会保障的覆盖面，帮助外来小商贩提高生存能力。

第十节　小商贩自治组织发育缓慢

在多元化的社会治理格局中，社会自治组织是实现协商民主、整合社会治理资源的有效形式，是阻止公权侵害私权的有力屏障，也是缓解社会矛盾、化解利益冲突的减压阀。广义的社会自治组织，是指一定范围内的自治体全体成员在自由、平等或契约的基础上，依法对自治体的共同事务实行自我管理且不具有强制性的组织形态。所谓小商贩自治组织，是指一

---

① 国家卫生和计划生育委员会流动人口司：《中国流动人口发展报告（2014）》，中国人口出版社 2015 年版，第 2 页。

定范围内的小商贩群体基于共同的行业特征、经营场所或经营习惯等因素自发组成的共同体，对内实行自我管理、自我约束，对外代表小商贩群体的共同利益。在国外主要表现为小商贩行业协会、小商贩联合会、小商贩维权协会等组织形式，例如美国纽约的"小贩权益组织"、韩国的"全国摊店业主联合会"以及印度的"全国街头小贩联合会"等。

在我国，随着国家治理体系和治理能力现代化目标的提出，以公众参与和社会协同为主要特征的新型社会治理体系逐步兴起，顶层设计尚处在构建当中，各类自治主体也处在培育初期，社会自治组织在不同领域的发展极不平衡。由于长期以来政府实行严格的社团组织民政登记政策，而小商贩行业本身又具有非正式性和分散性，加之市民社会的自治意识相对匮乏，导致目前我国小商贩自治组织数量较少，规模较小，内部管理既不规范也不科学，其资金筹措、动员社会资源和参与公共服务、增进公共福利的能力十分薄弱，既缺乏协调组织能力、社会活动能力和创新发展能力，又缺乏扩张能力和可持续发展能力。相比国外以及我国香港、台湾地区小商贩自治组织空前活跃，频繁与政府开展对话，积极参与公共决策和立法实践，以及政府向小商贩自治组织购买公共服务的经验做法，我国小商贩自治组织的社会地位并未得到应有体现，自治功能尚未得到充分激活，难以代表小商贩群体在社会治理中主动"发声"，充分行使对公共事务的话语权和公共决策的参与权。以上因素，使得小商贩自治组织在我国现有的社会治理体系中很难独当一面。

第四章　国内外治理社区小商贩的主要经验

长期以来，如何管好小商贩一直是困扰城市发展和社区治理的难题。作为具有典型意义的案例，武汉、广州和北京三地在探索社会治理创新的进程中，立足地方实际，坚持因势利导，形成了各具特色的小商贩治理模式。除此之外，吉林、湖南、四川、山东、浙江、江苏、福建、广西、陕西等省份的多个城市以及我国香港、台湾地区也因地制宜提出了治理社区小商贩的有效措施，取得了较为显著的成效。从国外经验来看，美国纽约、法国巴黎、西班牙马德里、墨西哥墨西哥城、泰国曼谷、日本东京、韩国首尔等城市经过长期探索，逐步形成了适合本国国情、较为成熟的小商贩治理模式。本部分将重点针对武汉、广州和北京的社区小商贩治理模式进行比较研究，并对具有代表性的国内35个省市（地区）、国外9个城市的具体做法及治理经验进行归纳分析。

第一节　国内省市治理社区小商贩的主要经验

一、武汉经验：依托基层社区，推行"一照式"备案

以湖北省武汉市，江苏省苏州市、泰州市为代表，主要做法是：依托

基层社区，工商部门为每个"社区服务中心"颁发一个营业执照，对小商贩进行统一备案管理，帮助其获得市场经营资格。

社区"一照式"备案管理注重对社区小商贩的"源头治理"，是湖北省武汉市创新社会治理工作机制的积极探索。2009年，武汉市工商局开展社区"一照式"备案管理试点工作，目前已经初步实现全市全覆盖。2011年，江苏省工商部门也出台了"社区一照"政策，并在无锡市、泰州市推广，取得了显著成效。

（一）社区"一照式"备案管理的主要内容

社区"一照式"备案管理最早于2009年在武汉市硚口区开展试点。硚口区地处武汉市历史悠久的商贸中心汉口，下辖11个街道134个社区，常住人口83万，著名的汉正街小商品市场就在该区。硚口区有大量外来流动人口，不少小商贩在社区内经营小摊点或小门面，但绝大部分都没有取得营业执照。鉴于以上情况，武汉市工商行政管理局提出"能否将无照经营纳入市场准入管理对象"的设想，首先在硚口区工商分局开展试点，并面向全市推广。

所谓社区"一照式"备案，是指将社区内现有的"社区服务中心"作为小商贩监管平台，由工商部门为其办理营业执照，对社区内暂不具备办照条件的小商贩，经社区服务中心审查、基层工商所认可并备案，将其挂靠在"社区服务中心"的营业执照下，准予小商贩开展经营活动。这里的"社区服务中心"（又称"社区服务站"）是指由社区居委员会组建，以承接公共服务、组织公益服务、开展社区服务为宗旨的城镇居民自治组织。"社区服务中心"具有市场服务功能，能够开展营利性活动，具备相应的经营条件。工商部门为"社区服务中心"办理工商登记，核发企业法人营业执照或营业执照。"社区服务中心"统一对辖区内的小商贩发放《社区服务

第四章　国内外治理社区小商贩的主要经验

中心服务证》，由辖区工商所和社区共同实行备案管理，将社区内从事家政服务、修理缝补、理发、早点副食、流动性废旧生活物品回收、小礼品和工艺品销售、图书出租等十余项微利便民行业的小商贩纳入备案范畴。此外，社区"一照式"备案管理还明确规定在交通要道上占道经营和校园周边200米内经营的小商贩不纳入备案；阻碍消防通道的小商贩不纳入备案；存在前置许可、涉及安全生产的高危行业不纳入备案。纳入备案范畴的社区小商贩，在备案前应与社区服务中心签订经营承诺，确保守法经营、规范经营、诚信经营。

（二）社区"一照式"备案管理的主要做法

一是政府出面整体推动。工商部门积极争取市、区两政府支持，以加快社区服务业发展为契机，重点宣传"一照式"备案管理对于扶持全民创业、便民惠民利民的积极意义。硚口区的试点工作得到区政府高度重视，由分管副区长主持召开协调会，要求各街道支持"一照式"备案管理工作，在2009年底前每个社区都要发展一个"社区服务中心"，为社区"一照式"备案管理工作在全区推广奠定了基础。正是在区政府出面整体推动下，2009年9月15日，硚口区132个社区全部领取了"社区服务中心"营业执照，顺利实现全覆盖。由此可见，治理社区小商贩首先必须由政府出面进行整体推动，充分整合各类社会资源，统筹协调政府部门之间的权力关系，有效预防和及时化解职权交叉、政出多门和责任落空造成的监管风险，避免权力越位、缺位和错位，进而实现政府治理效率的最优化。

二是工商部门规范管理。为使"一照式"备案管理有章可循，武汉市工商局制定出台了《关于进一步促进市场主体加快发展的意见》和《关于进一步推进社区"一照式"备案管理工作的实施意见》，明确要求备案工作每月调度、年终总结，形成以工商为主、街道参与、社会支持、共同管理的格局。硚口区工商分局制定了《关于社区服务中心服务点管理的意见》，统一思想，专题部署，制定方案，明确目标，落实责任，对"一照式"备案管理工作的各个方面和环节进行规范管理。在这些政策中，对备案管理的区域、行业、范围等做出了具体规定。

1. 备案区域：除主干道和主干道的连通道、校园周边、消防通道外的小商贩，可纳入备案。

2. 备案行业：停车、修理、理发等无需前置许可的便民行业，可纳入备案。

3. 备案方式：工商、社区共同审查认可，方可纳入备案。

4. 服务承诺：备案户必须遵守诚信经营、便民利民、配合创建、自负盈亏四项具体承诺。

5. 监管手段：坚持以人为本，实现取缔、备案、办照三位一体。

三是依托"社区服务中心"。硚口区工商分局从覆盖率、发展户数及数据录入质量三个方面制定"社区服务中心"发展规划，将"社区服务中心"的身份从单一服务主体变为市场主体，纳入工商登记管理范围。按照这一思路，小商贩无须办理营业执照即可开展经营活动，初步解决了合法身份缺失的问题；"社区服务中心"接纳小商贩入驻后，以契约方式固化双方权责，对其进行统一管理，要求小商贩按照指定地点和时间营业，逐步形成"管而不死、活而不乱"的市场秩序，在方便群众生活的同时，最大限度地避免经营扰民问题。①

四是整合各方管理资源。"一照式"备案管理涉及的前置审批部门有十余个，仅仅依靠工商部门单打独斗，显得力不从心。作为一项全新尝试，

---

① 周昕：《社区小商贩社会管理创新机制及对策研究——以武汉市为例》，载《武汉大学学报》（哲学社会科学版）2013年第5期。

第四章 国内外治理社区小商贩的主要经验

其他政府职能部门、街道办事处及社区居委会对"一照式"备案管理了解甚少。为全面推进社区备案工作，硚口区工商分局多次深入街道、社区进行调研，主动上门与其他职能部门交换意见，帮助他们打消顾虑，促进备案工作顺利开展。在推广过程中，有的部门心存疑虑，认为工商部门此举是为了转嫁监管风险；有的部门并不理解，认为工商部门的做法会对前置审批产生不利影响。若不及时澄清误解，"一照式"备案管理便会面临"搁浅"的危险。硚口区工商分局及时调整工作思路，一手抓目标管理，将每个所发展一个"社区服务中心"作为半年目标下达；一手抓社区动员，邀请社区主任、备案户座谈，让小商贩现身说法。晓之以理，动之以情，使社区干部逐渐打消了顾虑。

（三）社区"一照式"备案管理的实施效果

武汉市硚口区开展社区"一照式"备案管理产生了积极的社会影响。2013年，硚口区工商分局查处的无照经营户仅有127户，相比过去大幅减少；而在新发展的1079户备案户中，有755户从无照经营户转化而来，占备案户总数的70%。目前，社区"一照式"备案管理已向全市铺开，取得了较为显著的成绩。（参加下表4.1）

表4.1 武汉市开展社区"一照式"备案管理情况一览表[①]

城 区	辖区社区实有数	开展"一照式"备案社区数	已办社区服务中心执照数	小商贩备案户数
江岸区	166	100	100	386
江汉区	116	76	8	581
硚口区	134	134	134	2758
汉阳区	131	89	13	193
武昌区	152	130	0	512
洪山区	130	15	0	325
青山区	46	29	14	297

---

① 资料来源：武汉市工商行政管理局，相关统计数据截至2013年12月。

续表 4.1

城区	辖区社区实有数	开展"一照式"备案社区数	已办社区服务中心执照数	小商贩备案户数
蔡甸区	24	24	24	151
江夏区	51	27	26	117
东西湖	62	50	42	190
汉南区	14	9	9	9
黄陂区	60	37	0	217
新洲区	56	53	48	108
武汉开发区	22	1	1	50
东湖开发区	19	7	3	199
东湖风景区	5	5	5	0
合　计	1188	786	427	6093

在借鉴"武汉经验"的基础上，2011年江苏省工商部门也出台了对小商贩免予登记、自愿登记和申报备案相结合的"社区一照"政策，对无固定住所的小商贩以个人名义从事无须前置审批的生活类服务，实行免予登记制度，只需要向所在地工商所申报备案，而无须办理营业执照。作为全省首家试点，江苏省无锡市已在全市9个城区推广"社区一照"经验，共设立"社区创业服务中心"12家，纳入备案管理的小商贩达344户。泰州市自实行"社区一照"政策以来，共对416户小商贩免予工商登记，帮助近千名群众解决了就业问题。

实践证明，以武汉市、江苏省为代表的社区"一照式"备案管理通过放宽工商登记条件，放松市场准入限制，破解了小商贩法定从业资格缺失的难题，维护了社会弱势群体的就业权益，是服务民生福祉、维护社会稳定、促进个体私营经济发展的有益探索。

二、广州经验：设立商贩中心，划地集中管理

以广东省广州市、汕头市，江苏省南京市为代表，主要做法是：政府出面在城区设立若干个"商贩管理服务中心"，对小商贩实行划地集中管理。

作为全国市场经济最繁荣的城市之一，广州市的小商贩（当地俗称"走

鬼")约有25万人,政府面临的管理压力十分巨大。由于执法方式落后,导致管理者与被管理者之间的对抗冲突时有发生。据广州市城管委统计,仅2005年至2009年,在全市集中整治小商贩的专项执法行动中共发生暴力抗法案件2626件,受伤执法人员多达1679人。[①]为化解小商贩治理中存在的突出矛盾,广州市积极转变治理思路,科学进行制度设计,先后出台了《广州市城市管理综合执法条例》《广州市流动商贩管理暂行办法》和《整治和规范流动商贩管理工作方案》等地方立法和政策。其中,《广州市城市管理综合执法条例》第30条规定:"市、区人民政府应当采取措施引导流动商贩入场(室)从事合法经营。"在全国首次通过地方法规明确规定政府对小商贩负有引导和帮助义务,实现管理与服务共同促进。2010年8月,广州市发布《广州市流动商贩管理暂行办法》,作为治理小商贩的主要执法依据。该《办法》提出"严禁区禁止、疏导区规范"的管理方针,积极推动市、区(县级市)两级"商贩管理服务中心"建设,实行划地经营、集中管理,取得了突出成效。

(一)政府设立"商贩管理服务中心"

2011年12月,广州市首个商贩管理服务中心"黄埔区长洲街流动商贩管理服务中心"挂牌成立,对小商贩进行规范管理并提供专业服务。按照规划,广州市还将于3年内在全市建成120处"商贩管理服务中心",提供3万个以上摊位,引导近10万名沿街叫卖的小商贩入室入场经营,为超过100万市民提供物美价廉的优质服务,惠及1000多个社区。

(二)在各城区划定"疏导区",实行属地管理

此举属全国首创,将管理重点下沉至社区,以街(镇)为主体,由街(镇)、

[①] 亓欣欣:《广州城管5年遭暴力抗法2626宗1千多人受伤》,载《南方日报》2010年8月17日第2版。

居委、村、社区、小区物业、市场职能部门联合划定小商贩临时经营区域（即"疏导区"），经有关部门审核后实施；街（镇）对小商贩临时经营区域承担属地管理责任。"疏导区"必须实行统一划线、统一标识、统一管理，达到"四不"标准，即不与周边正常经营商户产生恶性竞争；不影响周边居民正常生活；不影响交通组织和防火安全；不影响市容环境卫生。摊位只能由申请者本人或其直系亲属经营，不准租售摊位、变更使用性质、扩大经营范围。政府在划定"疏导区"之前，充分征求选址周边单位及群众的意见。因城市管理、建设或者规划需要，需变更或者撤销"疏导区"选点时，小商贩应该无条件服从。

（三）对小商贩实行"持证经营制"

广州市城管委借助电子政务平台，开发了"商贩网上服务系统"，对小商贩实行网络登记制度，进行电子档案化管理。小商贩要先经过统一培训，经培训合格后，政府颁发有效期不超过一年的经营凭证，实行持证经营。如小商贩属于广州户籍人口，凭户口簿、身份证向户口所在街道提出经营申请；外来商贩则凭居住证、在粤固定住所证明和身份证向居住证颁发街道提出经营申请。在小商贩进驻"商贩管理服务中心"后，对其进行"违规记分制"管理。当违规经营累计到一定程度时，取消其经营资格。在条件成熟时，工商部门可以将有具有固定场所的小商贩及时转为工商个体户登记，实现经营身份的转变。①

（四）拓宽经费渠道，大力发展"疏导区"

通过政府补贴和收取物业管理费的方式，多方筹集小商贩日常管理所需经费，加快"疏导区"的建设步伐。目前，广州市萝岗区、荔湾区、海

---

① 周昕：《社会管理创新视域下的小商贩治理模式比较研究——以武汉、北京和广州为例》，载《湖北社会科学》2013年第9期。

第四章　国内外治理社区小商贩的主要经验

珠区、越秀区和天河区都已经完成了"疏导区"的选址和规划工作。萝岗区夏港街的"青年社区便民服务区"是全市首家小商贩规范管理"疏导区",小商贩每月只需交600元管理费,就可以在固定摊位安心营业。截至2013年12月,该市已建成"疏导区"124个,提供摊位约2万个,安置近3万名小商贩入场入室入点经营,疏导8万余名小商贩进驻基层社区开展经营活动,在加强管理、严格执法、疏导交通、卫生保洁、治安维稳、就业保障等方面产生了积极的社会效果。小商贩暴力抗法和群体事件大幅减少,2010年全市因驱赶小商贩引发的暴力抗法冲突比2009年下降了49.8%。特别是越秀区还专门投资建立了一个以少数民族商贩为主的"兰圃临时疏导区",提供了100多个摊位,解决了200多名少数民族商贩的就业问题,为促进民族团结做出了贡献。

自2014年开始,在借鉴"广州经验"的基础上,广东省汕头市开展"小贩疏导工程",实施小贩疏导工作"三年行动"计划,使市容市貌整洁有序。汕头市按照合理疏导、疏堵结合的思路,将城区划分为"禁摆区"和"疏导区"。在对群众生活、交通秩序不会造成太大影响的石炮台、珠池街道等地设置"疏导区",并力推每个街道建设1至2处小商贩疏导点,实行集中管理,逐步引导小商贩入室入点经营。此外,2014年,江苏省南京市也在雨花台、秦淮、栖霞、建邺、鼓楼、玄武等六个城区建成了10个"小摊贩中心",每个中心面积均在2000平方米左右,大多是客源旺盛、毗邻居民区和交通站点的繁华地段。通过划地集中经营,不仅提高了管理效率,也充分满足了小商贩的日常经营需求。

三、北京经验:坚持以人为本,实现疏堵结合

以北京市为代表,主要做法是:坚持源头治理、疏堵结合,实行人性

化管理手段，通过履行执法与监察职能并举，实现"面子"（市容）与"里子"（民生）的统一。

作为我国首都，北京市人口密集度高、流动性强，城市管理难度大。截至2014年，北京市人口总数达2114万，其中外来人口约580万。由于集贸市场等公共设施建设不足，小商贩占道经营和乱摆卖问题十分突出。北京市城管部门坚持"以人为本"的服务理念，改变以往只注重执法效果、忽视民生诉求的做法，注重规范引导，积极帮助就业弱势群体自谋生计；不断创新执法理念，严格规范执法行为，实现执法监察并举，缓解了城管执法压力，维护了市容环境，小商贩治理工作取得显著成效。

（一）以"疏"为主，注重规范引导

一方面，科学规划建设便民市场和临时集贸点。北京市城管部门主动斡旋区、街（镇）及相关职能部门共同研究对策，以社区分布情况为依据，按照"不影响交通、不影响消防、不影响主次干道和重点地区市容环境、方便群众生活"的原则，促成各区政府统筹协调各街道（镇）及工商、城管、食药监等相关职能部门就建设便民市场达成一致意见，加强对临时集贸点的规范管理。

自2011年以来，顺义区政府投入大量资金为辖区内的社区和村庄兴建露天市场、马路市场、小型超市等便民市场。目前，该区已建成30个摊位以上的便民市场65个，承载70多万常住人口的蔬菜肉禽蛋等日常消费品供应，日均消费需求达到200万公斤。其中包括综合性批发市场2个，即石门批发市场、北务农产品产地批发市场；市场规模在30—100个摊位的34个，100—200个摊位的29个，200—500个摊位的1个，1000个摊位以上的1个。此外，还为各住宅小区兴建小型超市98个、早餐亭120个。从市场主办单位来看，区市场管理中心主办43个，顺鑫农业、大龙公司、

第四章　国内外治理社区小商贩的主要经验

供销社主办 7 个，镇村主办市场 14 个，个人承包市场 1 个，共为小商贩提供了 2532 个摊位。为解决当地农民应季瓜菜销售问题，区城管部门还斡旋社区居委会为自产自销瓜菜农民设立社区临时集贸点，初步形成了区、街（镇）、农村三级市场销售网络。

海淀区通过开展"便民项目进社区"工作，设立形式多样的便民服务区，积极对小商贩进行疏导。2012 年，海淀区城管监察大队协调相关单位在 26 个街乡社区内设立临时集贸点 1103 个；利用社区空地开辟"跳蚤市场""阳光早市"等各类便民服务区 57 处，为小商贩提供了 3176 个摊位，充分满足了社区居民的消费需求。

另一方面，健全完善日常管理机制。建立了以街（镇）为管理主体，市场服务中心负责具体操作，工商等部门负责严格执法，城管部门负责监察，其他相关职能部门共同参与的日常管理机制。其中，市场管理服务中心负责就近引导场外的零散小商贩进入便民市场内规范经营。便民市场具有公益性，不以营利为目的，管理人员的工资福利由当地街道（镇）支付。在便民市场内实行统一规划定位、统一经营设施、统一摊点设置、统一经营时间、统一垃圾存放清理，小商贩根据摊位大小，每天仅缴纳 5—10 元卫生费，无需承担其他费用。

（二）"疏""堵"结合，严格行政执法

一是完善市容环境巡查、督查工作机制。北京城管部门建立了以巡查为核心、督查为中枢、监察为保障的工作机制。按照"第一时间发现问题，第一时间解决问题"的要求，对辖区实行 24 小时不间断监控，要求每 30 分钟巡查不少于一次，不给占道经营、乱摆卖的小商贩以可乘之机；成立案件处理组，确保各类案件及时处理。同时，完善督查机制，强化业务考核，督查内容由督办问题转变为督查分队执法巡查机制、规章制度、管理强度、运行效果等,确保巡查机制和分队职能的有效发挥。

二是加强集贸市场和临时集贸点场外周边流动摊贩的管理执法。集贸市场的日常经营活动由市场管理服务中心负责规范管理。针对不少小商贩因为市场周边人气旺,喜欢在场外扎堆经营造成占道拥堵的情况,城管部门将市场周边作为整治重点,进行定点监控,实行全天候巡查、督查,对乱摆卖行为依法加大查处力度,督促小商贩入场入室经营。

三是对主要大街和重点地区进行专项整治。对于主要大街、重点地区出现的违章占道经营、大排档、乱摆卖聚集现象,由属地街道(镇)组织相关职能部门联合执法,进行专项整治。实践证明,在高频率巡查、定点监控、联合执法等有效举措下,集贸市场场外周边乱摆卖现象得到有效控制,主要大街、重点地区的市容环境得到显著改善。

(三)整合资源,执法监察并举

面对小商贩治理工作的新形势,北京市城管部门坚持执法、监察并举,通过日常监察管理,督促相关责任部门和单位加强监督管理。对于因市场服务水平低下、服务意识淡薄而造成的问题,除督促相关责任部门查缺补漏外,还要及时向上级政府报告,积极提出建议,推动城市治理能力不断提高;对于责任部门管理不到位、责任不落实,或出现粗暴执法、程序违法等问题,按照归口管理原则,及时告知并督促其限期解决;情节严重的,将予以通报,并移交组织人事部门和纪检监察部门处理。

四、吉林经验:豁免工商登记,消除准入限制

以吉林省、山东省菏泽市为代表,主要做法是:以工商部门为主导,在工商登记注册环节,对涉及民生领域的小商贩豁免登记,免除市场准入限制。

第四章　国内外治理社区小商贩的主要经验

2013年，吉林省工商局制定了《关于支持全民创业突出发展民营经济的意见》，明确规定对部分涉及民生行业的小商贩豁免登记；对城市早、夜市临时商贩和农村流动小商贩（除从事粮食收购、牲畜贩运、货物运输的外），免工商登记；农民在集贸市场或当地政府指定区域内销售自产农副、土特产品的，免工商登记，由所在地工商所实行备案管理。[①]

2013年，山东菏泽市工商局出台了《关于促进实体经济加快发展的26条措施》，对涉及生活便利行业的小商贩免予登记。规定个人从事修鞋、修自行车、缝纫、水果摊等生活便利行业，在不涉及安全行业及前置审批特许可的前提下，各县区工商局可根据实际情况确定具体范围，免予办理营业执照。

五、湖南经验：规范登记制度，简化登记流程

以湖南省、广东省、重庆市、山东省青岛市、山东省临沂市等地为代表，主要做法是：在食品生产加工及销售环节，出台立法规范小商贩登记管理；同时为方便小商贩办事，精简了登记流程。

2013年1月，《湖南省食品生产加工小作坊和食品摊贩管理条例》出台，率先在全国通过立法规范管理从事食品生产、加工和销售的小商贩。《条例》规定：政府应统筹规划、合理布局，组织建设食品摊贩集中生产经营场所；鼓励食品摊贩进入集中生产经营场所生产经营。政府应按照方便群众、合理布局的原则，划定食品摊贩经营地点和时段。政府对食品摊贩实行登记管理，发放登记卡，并将登记信息告知工商或食药监督部门；发放登记卡不得收取或者变相收取任何费用。

---

① 骆家烨、刘晓宇：《早、晚市流动商贩可豁免登记》，载《城市晚报》2013年7月13日A03版。

实行登记管理制度的还有广东省。2014年7月，在提请广东省人大常委会审议的《广东省食品生产加工小作坊和食品摊贩管理条例（草案）》中，明确提出食品摊贩登记管理制度，通过对食品摊贩划定经营区域、发放登记卡来加强管理，并明确了食品摊贩的生产经营规范及其相应的食品安全责任。为充分体现便民利民的原则，《草案》降低了食品摊贩的市场准入门槛，将管理权力下放到基层，对审批程序也进行了大幅精简。食品摊贩只需要向经营所在地的乡镇人民政府或者街道办事处申请办理登记卡（有效期为一年），就可在划定区域和指定时段开展经营。

2009年，山东省青岛市开始在餐饮业小商贩中推行"入市经营证"制度，简化登记管理。小商贩经过工商审批后，领取"入市经营证"即可开展经营活动。该制度包括以下内容：一是小商贩必须在不扰民、不影响交通和市容的前提下入室经营。二是小商贩必须在指定的时间和地点，按照"入市经营证"载明的营业范围开展经营活动。三是强化责任监督，一旦小商贩出现违规行为，将被暂扣或吊销经营证。四是小商贩只需缴纳市场管理费，而市场卫生、垃圾清运等日常管理费用由所在街道办事处负责。

2014年9月，山东省临沂市平邑县食药监局为解决餐饮业小商贩"脏、乱、差"的问题，实行备案登记证制度。餐饮业小商贩经健康体检获得健康证明后，食药监局向其发放有效期为一年的《食品经营实名备案证》，注明食品经营者姓名、身份证号、健康证号、经营项目、电话号码、照片等信息。备案后的餐饮业小商贩须将《备案证》悬挂在醒目处，便于市民"看证消费"。食药监局对所有未达到发证条件的餐饮业小商贩进行全面检查，督促其限期整改，整改到位后，发放备案证。

2014年11月，重庆市为规范餐饮业小商贩的生产加工行为，确保食品安全，对全市范围内的餐饮业小摊贩和小作坊进行整体收编，全部实行登记备案准入制，纳入食药监部门监督管理。同时，为简化备案流程，节约管理资源，方便小商贩业主，重庆市食药监局专门制定了简易备案工作流程，减轻了小商贩的负担。

六、上海经验：设置临时摊点，彰显灵活机动

以上海市、江苏省南京市、山东省青岛市、广西壮族自治区南宁市、四川省绵阳市、内蒙古自治区呼和浩特市等地为代表，在全国具有普遍性。主要做法是：在城市设置多处临时经营摊点，实行税费减免，拓宽小商贩就业渠道。

2007年，上海市出台了全国首个规范小商贩摆摊的文件《城市设摊导则》，首次对小商贩摆摊全面"解禁"，明确提出经市民同意，部分路段可以设置便民摊点；政府为小商贩颁发临时许可证，准许其经营。全市共在11个城区的25个街道（镇）设置临时疏导点，在中心城区共设置了35个室内疏导点，28个室外集中疏导点，为小商贩提供了近5100个摊位。

2009年，江苏省南京市新修订的《市容管理条例》正式实施，将发展"马路经济"作为缓解就业压力的有力举措。该市1998年实施的《市容管理条例》第15条原来规定不得在政府禁止地段和时间内摆摊设点，却没有对"能否在政府未禁止地段摆摊"做出说明，存在立法空白。新修订的《条例》增加了"在不影响市容交通的前提下，方便群众生活允许各类摊点在规定地段规定时间经营"的人性化条款。按照这一思路，南京市将逐步开放四大类小商贩摊点的申报，为1万多个路边摊点发放临时摆摊许可。

山东省青岛市共有占道经营的摊点群近200处，其中经过审批的只有56处，且八成以上都存在环境脏乱、阻碍交通、噪声油烟扰民、食品不安全等问题。2012年，山东省青岛市颁布了《关于加强城市便民摊点群设置

管理工作的若干意见（试行）》，并配套出台了《青岛市城市便民摊点群设置管理导则（试行）》，进一步规范了便民摊点群的申报、审批和日常管理工作，在全市七个城区设置了54处便民摊点群，17处便民利民小摊点，并在海滨等人流密集区设置了23处烧烤区，通过集中规范经营，初步解决了摊点群占道扰民的问题。

2012年，广西壮族自治区南宁市在6个城区内陆续划定40多条小街小巷作为"创业街"，提供3000余个摊位，让流动经营的小商贩进驻"创业街"开展经营活动。

2012年，四川省绵阳市为解决小商贩流动经营问题，在全市设置245个临时便民服务摊区，规定凡户籍在绵阳市区内，或在市区常住2年及以上，本人已在绵阳城区长期从事果蔬、特色小食品流动经营活动，生活困难、身体健康，无传染性疾病者，均可申请一个临时便民服务摊点。申请人经过城管部门或街道（社区）的资格审查后，通过统一摇号取得摊点位置资格，与辖区城管执法部门签订协议书，即可开展营业。城管部门除收取便民服务设施押金外，不再收取其他任何费用。

自2014年起，内蒙古自治区呼和浩特市政府决定用3年时间投资建设300个便民市场，着力打造"10分钟生活圈"。其中2015年预计建成100个左右便民市场，对小商贩实行免租金、免税收的"双免"优惠政策，逐步安置近万名小商贩。在便民市场中设置特色蔬菜专区，面向群众供应40多种常见蔬菜，其中28种蔬菜价格按照低于市场价15%销售，使便民市场真正成为惠民工程。[①]2014年11月，山东省临沂市城管局与民营企业合作，以公益形式出资建设"小木屋"无偿供小商贩使用。在广场、医院、

---

① 刘惠、杨晓丽：《呼和浩特市要建300个便民市场向10分钟生活圈迈进》，载《北方新报》2013年12月18日第1版。

第四章　国内外治理社区小商贩的主要经验

学校等人群聚集场所,随处可见这些为小商贩遮风挡雨的"小木屋"。每间"小木屋"都具备基本的经营设施和卫生条件,可解决就业人口2至3人,每月仅收取几十元卫生费,对困难户还实行费用全免。此举得到小商贩积极拥护,被称为"小商贩之家"。①

七、温州经验:探索"商贩自治",实现自我管理

以浙江省温州市、上海市杨浦区、江苏省苏州市、四川省广安市岳池县、广东省珠海市为代表,主要做法是:政府积极创造条件,鼓励商贩和居民实行自我管理、自我监督、自我约束。

早在2007年,北京市就曾经在革新西里社区尝试成立"摊贩自治会",试行商贩自我管理和自我约束,但时间不长就因职能部门过多干预,无疾而终。

2008年11月,浙江省温州市成立了全国第一家民营小商贩管理公司——"温州民民商务服务有限公司",开创了小商贩自治的先河。在"民民公司"创办之初,共有400多名小商贩进场经营;到2010年,仅在飞霞桥、公园路一带就有300多名小商贩向"民民公司"报名。公司实行股份制,注册资本金10万元,5名股东中除徐雪(董事长,重庆温州商会会长)、祝益(总经理,长期从事城市清洁行业,此前为温州黄河清洁公司副总经理)以外,另外3名股东都是小商贩代表,以股东的股权对等性充分保障小商贩的合法权益。"民民公司"下辖财务、运行、培训、协管等4个职能部门,管理飞霞桥、山前街、公园路、欧江帆影等4个规范化疏导点市场。②(参见下图4.1)

---

① 郭万盛、刘云鹏、李甲:《山东临沂为摊贩修建小屋刚柔相济促进城市管理》,载《人民日报》2014年11月13日第8版。
② 杨介聪:《摊贩组织化及其自我管理问题研究——以"温州摊贩公司"为例》,2009年复旦大学硕士学位论文。

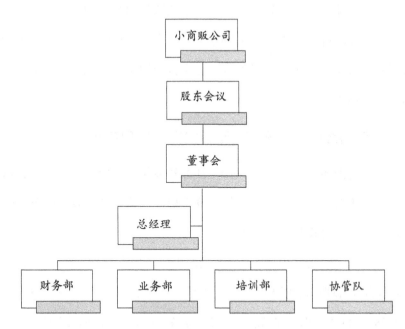

图 4.1　温州民民商务服务有限公司内部管理结构图

在管理方式上,"民民公司"招聘了40名协管员专门从事秩序市场维护和卫生保洁,并向小商贩每月收取租金200元、卫生费200元;小商贩只需再缴纳1000元押金就能得到一辆不锈钢餐车。此外,"民民公司"还向小商贩提供政策咨询、医疗保健、水电供应等市场服务。从作用来看,"民民公司"在小商贩和政府部门之间发挥了桥梁和纽带作用,使沟通渠道更加畅通,能够对等地传递双方的利益诉求。例如,当地执法部门曾规定,夜市要在晚上8点半以后才能摆摊。然而,由于季节变化等原因,晚上8点以后的生意越来越难做。经过"民民公司"与执法部门反复沟通协调,飞霞桥一带的小商贩被允许在下午6点提前开始摆摊,既错开了交通高峰期,又能赶上"下班族"的生意,帮助小商贩增加营业收入。

2011年,上海市杨浦区探索社会协作治理的新模式,成立了由街道牵头组织、市场内摊主自发组成的"义务志愿者队"。志愿者们在集贸市场

第四章　国内外治理社区小商贩的主要经验

入口处树立指示牌，载明全体小商贩达成的《经营公约》，实行"一人一档一证一位"，摊主轮流佩戴袖标"执勤"，主动维护市场秩序，使市场面貌焕然一新。①

2012年，四川省广安市岳池县摸索出成立"菜贩自治会"的做法，取得了显著成效。针对菜贩随意占道经营、垃圾遍地、阻塞交通等"老大难"问题，岳池县城管局在新风巷设置蔬菜临时交易区，由菜贩自己提出自治方案：每家菜贩出资1元钱，合伙购买白油漆，在城管部门指导下在街道两侧划出白线，相互约定各自固定摊位，并规定菜摊不能跨越白线；菜摊周边有垃圾，菜贩立即扫走；清扫垃圾的扫帚、撮箕，由大家按月轮流提供；不得高声喧哗……如出现自治失控的局面，请城管部门出面协调维持秩序。自"菜贩自治会"成立以来，菜贩们认真遵守自治方案，互相提醒、相互督促，定期交流经验，相处得十分和谐。②

2013年，深圳市龙岗区龙城街道在黄阁坑社区设置了由居民小组自主管理的"跳蚤市场"，并请黄阁坑社区城管所进行协助管理。"跳蚤市场"制定了明确的经营章程，选举了管理机构，明确了经营地点和营业时间，由社区居民自发担任管理员，市场秩序井然。③

2013年，江苏省昆山市锦溪城管部门提出小规模疏导点"摊贩自治"的工作思路。首先，将社区内约20平方米的公共空地设为小规模疏导点，让附近的小商贩全部进入疏导点经营，实施自我管理、自我监督。其次，召集小商贩举行恳谈会，经平等协商达成《自治协议》并自觉遵守。再次，

---

① 谈燕、沈逸超：《让流动摊贩"自己管自己"》，载《解放日报》2011年8月21日第3版。
② 肖勇、胡佐斌：《广安菜贩自治菜市脏乱闹堵》，载《华西都市报》2012年12月14日第26版。
③ 何畅：《龙岗龙城开创城管沉入社区的管理新模式》，载《晶报》2013年8月16日第4版。

由小商贩轮流负责管理疏导点内的环境卫生，及时劝阻违法违规经营行为。最后，城管部门制定"10分制考核法"，每月不定期对疏导点进行考核督查，如果考核成绩低于8分，就必须换人经营。在总结经验的基础上，高新区城管局设置了7个小规模疏导点，提供近800个摊位，全部实行政府指导、商贩自治的新型治理模式，做到"小而精"。下一步，昆山市将积极扶持小商贩自治组织发展壮大，成为小商贩利益表达和集体行动的代言人。

2014年4月，广东省珠海市城管局和珠海拱北街道办召开市民座谈会，就珠海夏湾夜间特色小吃街建设问题与市民交换意见，84档流动小商贩入驻小吃街定点经营。2014年8月，珠海市首个"小贩自治委员会"在高新区金鼎成立，由7名档主担任自治委员会理事，参与市场的日常管理事务，对市场管理的重大事项进行决策。实践证明，"小贩自治委员会"是小商贩自我管理、自我教育、自我服务的基层平台，也是珠海市社会治理工作中具有开创性的积极探索。

八、宜昌经验：创新治理手段，细化监管措施

以湖北省宜昌市、山东省德州市、浙江省台州市、浙江省湖州市、广东省惠州市等一批地级市为代表，主要做法是：创新治理手段，采取多种灵活机动的治理措施，对小商贩的管理和服务更加精细化。

（一）湖北省宜昌市的"网格化"治理经验

所谓"网格化"治理，是指按照"街巷定界、规模适度、无缝覆盖、动态调整"的原则，将中心城区及各县市城关镇175个社区划分为1738个网格，每个网格涵盖约300户居民，构建市、区、街道、社区、网格五级管理体系。每个网格配备一名网格管理员，负责履行社会治安综合治理、城管、社保、民政、计生、食品安全等7项信息采集工作和综合服务工作。

第四章　国内外治理社区小商贩的主要经验

一位外来小商贩进入宜昌市的任何一个社区，网格管理员都会主动上门了解信息、提供咨询服务，及时掌握并向相关部门反映群众的利益诉求，确保基本公共服务覆盖到位。目前，全市1738个网格平均每月收集各类社会矛盾信息2200余条，矛盾化解率达到98%，有力推动了社区的和谐治理。尤其是在餐饮业小商贩监管领域，网格化管理将精确的信息采集和数据分析机制运用到监管实践中，使各项管理措施更加精细化，极大地提高了监管工作效率。仅2013年，全市工商部门共受理各类诉求17243件，增长1.9倍；处理小商贩食品安全违法类案件890件，增长2.7倍；处理小商贩无照经营案件占6.7%，许可证过期案件占4.58%。"网格化"推动小商贩治理效率显著提升。

（二）山东省德州市乐陵区的"跟踪管理卡"制度

山东省德州市乐陵区根据小商贩的行业特点，建立了"跟踪管理卡"制度。该"跟踪卡"分为"商贩跟踪管理卡"和"违章记录卡"两部分。"商贩跟踪管理卡"的主要内容包括商贩档案资料和相应法律法规常识，明确记录了小商贩经营项目、经营项目位置、所占用面积时间及责任人有效证件登记号，列举了小商贩享有的权利、所属责任和承担的义务，并经由小商贩本人签字确认，起到简易档案的作用；而法律法规常识可发挥宣传教育作用，让小商贩充分了解违法经营的危害性。"违章记录卡"主要记载商贩违法、违规经营记录及处罚结果，力求做到"四个明确"：违章时间明确、位置明确、处理结果明确、案件处理责任人明确。此举将小商贩的经营活动纳入标准化管理，有理有据，既为小商贩提供了良好的经营环境，又有效规范了市场秩序。

（三）浙江省台州市黄岩区的"诚信档案"制度

浙江省台州市黄岩区销售特色农副产品的无照经营小商贩人数众多，

约占市场经营主体的三分之一,且制假贩假等违法经营行为屡见不鲜。为提高小商贩的守法经营意识,黄岩区工商局推行"诚信档案"管理制度,通过诚信约束,使小贩的守法经营意识进一步提高。"诚信档案"包括三方面内容,一是对小商贩的家庭住址、姓名、性别、年龄等一一登记造册,做到有据可查;二是小商贩所在村出具的原产地证明,证明其销售的农副产品确实是自产自销;三是"规范经营承诺书",要求小商贩对经营范围、商品质量、售后服务等六项内容进行承诺并自觉遵守。"诚信档案"管理制度突出了信用化管理理念,对于真正的自产自销户,区政府还划定了专门销售区域和特定销售时间段,保障其正常开展经营活动。

(四)浙江省湖州市德清县的"积分制"模式

从2011年开始,浙江省湖州市德清县城管局借鉴交警对驾驶员的计分管理模式,给全县所有的流动摊位发放"驾照",实行"积分制"。将德清城区的114条街路划分为"严管街、严控街、规范街"三种类型;其中21条"严控街"和85条"规范街"共设置了123个摊位,实行定时定点经营。摊主报名后签订《临时占道设摊协议》并领取"驾照",就可以正式经营。每个摊位每年总计100分,因小商贩的违法违规经营行为扣满15分,停业一周;扣满70分,停业半年;全部扣完则直接被拉进"黑名单",取消摆摊资格。

(五)广东省惠州市的"三圈管理"模式

2010年,广东省惠州市将惠城区划分为三大管理圈,即"核心圈""重点圈"和"郊外圈";再将"核心圈"根据地理环境和交通状况细分为"严禁区""严管区"和"监管区"三类,实行划区管辖、层级管理。"严禁区"坚决禁止任何占道经营、随街摆卖现象;"严管区"则根据具体情况,在不妨碍交通、不干扰群众生活、不破坏市容环境的前提下,定时间、定地点允许小商贩集中开展经营;"监管区"内有近200条内街小巷,全部属于居民生活区，政府在桥东市场、桥西麦地市场永竹街、下角埔前街、共联市场、河南岸公园等地共设置了40余处便民临时蔬菜水果贩卖点，为小商贩提供临时经营场所。

九、济南经验：绘制"便民地图"，贴近民生需求

以山东省济南市、烟台市和江苏省无锡市为代表，主要做法是：政府针对小商贩的不同经营范围，绘制独具特色的"便民地图"，为市民提供购物指南。

自2010年起，山东省济南市为解决瓜农旺季"卖瓜难"问题，专门设立了400余处临时销售点，连续3年，每年都面向社会发布一张"西瓜地图"，被瓜农誉为"一个甜美的创意"。[①] 所谓"地图式管理"，是指政府以"先服务，后管理，再执法"为指导思想，用绘制地图的方式为小商贩划定经营范围；不同行业用不同颜色的地图加以标注，小商贩按照地图指定的区域开展经营，同时也为市民购物提供指南。济南市将全市164条重要道路和500多个主要场所设为"不可摆摊区域"；在这些区域之外，形成各具行业特色的小商贩经营聚集点。最早推出的"西瓜地图"将城市中455个路边临时马路卖瓜摊点一一标注，瓜农可免费提出申请，在地图上的指定地点卖瓜。之后，政府又陆续推出了"早餐地图""修车地图""卖报地图"和"便民摊点群地图"，对小商贩涉及的其他行业也实行地图式管理，受到群众好评。

2013年，江苏省无锡市锡山区绘制了18个瓜果临时摊点"便民地图"，还为每个临时摊点发放了摊位证，既方便市民又服务瓜农。"便民地图"借助"百度地图"软件平台开发制作，相关资料一目了然，包括摊位的地

---

① 卞民德：《"西瓜地图"让瓜农不再"打游击"》，载《人民日报》2013年8月4日第1版。

理位置、公交车站、停车泊位及公厕场所等各类便民信息一应俱全。

2014年，山东省烟台市牟平区城管局在核心路段设置了四块高5米、宽7米的醒目指示牌。这是牟平区城管局走访半个月、耗资10万元制作的"摆摊地图"，上面详细标注了牟平区所有菜场、摊点群及15处特色水果专营区的具体位置及营业时间，被进城办事的村民称为"最温馨的指示牌"。

十、日照经验：畅通对话渠道，倡导官民共治

以山东省日照市、河北省秦皇岛市、武汉市汉阳区为代表，主要做法是：政府积极与小商贩开展协商对话，建立互信关系，争取群众支持。

2014年3月，山东省日照市城管部门对小商贩占道经营行为采取"柔性化"执法，改变过去强拆罚没的做法，不厌其烦地进行一对一劝说教育，让小商贩自觉清理占道经营，取得了较好效果。日照市城管部门针对市民投诉强烈、占道经营严重的重点路段，多次召集摊点业主座谈，并到现场解释说明占道经营的危害性，规劝小商贩及时整改。通过做通思想工作，绝大多数小商贩都能自觉在指定区域内规范经营，但仍有极少数小商贩拒不整改。针对个别"钉子户"，城管队员开展入户帮扶结对子，深入了解小商贩的利益诉求，不厌其烦地宣讲法规政策，还主动为这些小商贩申请市政府"便民早餐工程"餐车、为特困户联系低保、提供就业信息等，靠实际行动赢得了小商贩的理解与支持，占道经营现象得到明显遏制。

2013年，河北省秦皇岛市海港区在整治消夏烧烤市场"脏乱差"的过程中，注重与群众对话沟通，逐步建立城管商贩互信关系。城管部门先后三次与辖区内近百家烧烤摊、副食摊业主进行协商，就如何举办消夏烧烤市场征求意见，达成一致后签订"责任状"，明确了小商贩的经营责任，如市区主干道内不允许摆设烧烤摊位；在非景观位置应规范摊位桌椅摆设，

并设置围挡；烧烤炉不能摆在室外，必须整齐划一。针对烧烤产生的垃圾、油污破坏环境的问题，经城管部门与小商贩协商，小商贩同意自备垃圾容器，并在室外烧烤炉下铺设防污垫以减少路面污染，确保经营地点及周边环境卫生整洁有序。①

湖北省武汉市汉阳区的治理思路较为超前，直接聘请小商贩作为"城管协管员"，官民共同参与城市治理。2013年6月，武汉市汉阳区王家湾的小商贩陈润红应聘成为城管协管员，被网友戏称为"小贩逆袭"。陈润红此前在社区街头摆地摊卖女装，当了6年多小商贩。他所巡查的王家湾辖区，正好是他以前经常摆摊的地方，对情况十分熟悉。汉阳区城管局表示，陈润红综合素质较高，又有多年小商贩从业经历，聘他当协管员是一种换位思考执法的有益尝试。②

十一、西安经验：设立巡回法庭，及时定纷止争

以陕西省西安市、宁夏回族自治区银川市为代表，主要做法是：运用司法手段保障小商贩合法权益，通过司法途径定纷止争。

早在2009年5月，陕西省西安市莲湖区法院就成立了全国首家"城管执法巡回法庭"，配备了专业审判人员，集中受理莲湖区与西安市城管执法局的非诉案件移交执行工作。一旦发生违法案件，城管执法人员仅向当事人发出《行政处罚决定书》，督促当事人履行；当事人在法定期限内既不申请复议又不履行的，执法部门将向人民法院申请强制执行。将执行工作交给法院，厘清了城管部门的权力界限，不再与行政相对人直接发生

---

① 朱润胜、陈秋雁：《秦皇岛尝试建立城管摊贩互信关系》，载《工人日报》2013年7月5日第4版。

② 程敏：《武汉摊贩"逆袭"当上城管协管员引热议》，来源于新华网：http://www.hb.xinhuanet.com/2013-07/27/c_116707993.htm，2013-07-29。

经济关系。此举妥善化解了城市管理执法者与小商贩之间的矛盾,避免城管执法自由裁量权越位、缺位和错位,有效推动了城管执法标准化建设。

2014年10月,宁夏回族自治区银川市中级人民法院也成立了"城管巡回法庭",进一步创新司法改革措施,将城管执法工作置于群众广泛监督之下。法院对城市管理处罚决定的合法性进行严格审查,充分保障相对人申辩、控告以及行政复议之后的申诉权利。在审判方式上实现快审、快结、快执相结合,实现"一次立案一庭式办公",在提高司法效率的同时,不断提升城市管理水平。在组织机构上,"城管巡回法庭"设在法院的行政审判庭,由3名资深法官组成,行政审判庭副庭长兼任"城管巡回法庭"庭长。在审判方式上,"城管巡回法庭"专门负责受理城市管理案件的审理、裁决和执行,适用非诉讼执行程序,采取合议庭负责制。"城管巡回法庭"每周定期举行为期两天的现场指导,依法裁决城管执法案件;每半个月召开一次联席会议,研究解决城市管理执法中的重大疑难案件,规范执法案卷及法律文书。通过引入司法机制,使城管执法工作更加规范。仅在开具行政处罚书这一环节,合格率就由以前的10%提高到90%。① 通过加强司法监督,显著提升了城管执法者的法治思维和法治能力,有效杜绝了违法行政。

第二节　香港、台湾地区治理社区小商贩的主要经验

一、香港经验:实行持牌管理,建立伙伴关系

小商贩在香港历史上由来已久,"小贩经济"见证了香港自开埠以来的发展历程。早在英国占领香港初期,大批建筑工人从内地涌入,小商贩

---

① 申东:《城管巡回法庭能否破解城管摊贩矛盾》,载《法制日报》2014年10月14日第3版。

第四章　国内外治理社区小商贩的主要经验

也就随之而来，路旁煮食、沿街叫卖，一百年前的香港甚至被称为"小贩都市"。在香港，无牌照经营的小贩被港人称为"走鬼"。在几十年前，"走鬼"是小贩摆摊时为逃避执法者而相互招呼逃跑的暗语。时至今日，香港特区政府并未全面禁绝小贩，而是采取疏导方针，实行小贩持牌管理，逐步建立起政府与小贩之间的伙伴合作关系。

（一）组建"小贩事务队"，各部门分工协作

在香港，政府治理小贩奉行权力制约与分工配合的原则，治理主体包括香港特区政府食物环境卫生署、警署和法院。其中，食物环境卫生署专门负责小贩食品安全监管工作。近年来，食物环境卫生署陆续制定了《小贩规例》《公众卫生及市政条例》《食物业规例》等作为执法依据，并组建"小贩事务队"（分为"分区事务队"和"总部特遣队"两类）从事专项执法工作。在执法方式上，食物环境卫生署与警署、法院协同配合，如果发现小贩违法经营而不及时制止的话，严重者将被革职查办。为规范小贩的日常经营行为，"分区事务队"以日常巡查为主，定期巡查本辖区内的所有固定摊位，及时查处违法经营行为；"总部特遣队"以突击执法为主，重点取缔无牌经营的流动小贩。为提高突发事件应对能力，"小贩事务队"定期开展危机课程和法律业务培训，不断提高执法者的综合素质。

与大部分国内城市不同，香港的"走鬼"与执法者的关系并不像想象中那样剑拔弩张。据统计，2012年全港被"小贩事务队"检控并定罪的无牌小贩案件有2.5万余宗，其中发生肢体冲突的案件仅不到10宗。"小贩事务队"一旦发现小贩有违法行为且不听劝阻时，不会直接进行处理，而是通过摄像、照相设备记录执法过程，并向小贩发出罚款通知书和传票，将案件移交至法院裁决，尽量避免与小贩发生冲突。"小贩事务队"

没有进行行政处罚的权力,其职权范围仅限于对违规小贩先警告、再检控。对于情绪激动、不愿配合的小贩,执法者只能用身体进行阻挡,而不能还手;遇到个别暴力抗法案件,执法者会尽力控制当事人情绪,同时报警求援。在案件移交至法院后,法官会进行公正的审理和裁决。在庭审过程中,小贩和执法者在法庭上地位平等,能够充分表达各自的诉求。如果在发放罚款通知和传票的过程中产生纠纷,警察会及时介入处理,情况严重时还会拘捕违法人员。同时,"小贩事务队"无权处置收缴来的小贩货物,必须移交到政府仓库保管处,且廉政公署会进行调查,防止相关人员贪污。

(二)实行严格的小贩持牌制度,要求小贩"进屋经营"

自1970年起,香港实行严格的"小贩持牌制度",迄今已有四十余年。具体内容包括:一是政府按照交通状况及市民消费需求进行测算,确定每个街区固定摊位和流动摊位的数量,分别对小商贩颁发固定牌照和流动牌照;二是任何人都能参加公开竞投,获取资格后即可交费租用两类牌照开展经营;三是无牌经营行为属于违法,必须依法进行取缔。截至2013年,全港共设置近2万个摊位,颁发了6513个固定摊位牌照和678个流动牌照。固定摊位牌照要求小贩必须"进屋经营";而流动牌照仅限于在政府指定的区域内经营。曾经小贩云集的旺角、深水埗,现在就有不少持固定牌照的小贩,绝大多数都属于在室内"进屋经营";极少数无法进屋的小贩,必须以不妨碍交通为原则,在政府指定的街角或建筑物中间凹进去的一小块地方固定经营,一般多从事贩卖蔬菜、报刊、修表等行业。流动牌照数量仅占固定牌照的十分之一,经营地点主要在车辆禁止通行的步行街或景点,以小餐饮或销售纪念品为主。任何没有持牌的小贩都不得上街经营,否则会受到"小贩事务队"的劝阻、警告甚至司法检控。

第四章　国内外治理社区小商贩的主要经验

（三）建立"伙伴合作关系"，倡导小贩行业自律

2012年，香港特区政府开展了针对小贩管理的公众咨询，大部分市民都认同小贩行业在香港有着悠久历史，是香港市民生活的一部分。在不少地区，小贩云集的街道更成为著名的旅游景点，具有一定的社会文化价值，值得保护。因此，香港特区政府专门提出要在未来与小贩建立起崭新的"伙伴合作关系"。政府计划在全港每个主要小贩经营区成立"小贩管理咨询委员会"，成员包括持牌小贩代表、所在辖区议员及市民代表，共同参与政府决策，使每一区的管理人员和当地小贩之间达成充分默契。政府还允许持牌小贩成立属于自己的行业协会，积极鼓励小贩开展行业自律，主动监管并举报无牌小贩，维持正常的经营秩序，在执法者和小贩之间构筑一道"缓冲区"。

二、台北经验：鼓励摊贩自治，宽容而不纵容

我国台湾地区涉及小商贩管理的法律制度主要包括由台湾"中央经济部"制定的《台湾省摊贩管理规则》，以及各个县市自行制定的《摊贩自治管理规则》。《台湾省摊贩管理规则》明确规定，对摊贩的管理采取许可证制度与行业自治管理相结合的体制。[①] 根据台湾《地方制度法》第18条、第19条规定，经济服务事项（包含摊贩管理）为直辖市、县市自治事项。台北市据此制定了《台北市摊贩管理自治条例》，承认摊贩是城市与生俱来的一部分；政府容许其存在，却不放任自流，而是划定区域、摊位和经营范围，予以保护和规范管理。目前，台北市政府划定了40多处"临时

[①] 参见《台湾省摊贩管理规则》第三条："……摊贩之规划、登记、发证及管理事项由建设单位办理。"第七条："申请摊贩许可证者……"第八条："经营摊贩业者，应经主管机关许可，取得摊贩许可证，并应加入摊贩协会为会员后始得营业。在未依规定成立摊贩协会之地区，主管机关应辅导其成立摊贩协会。"

摊贩集中场",容纳 4000 多名持有许可证的摊贩营业,其中就包括令游客流连忘返的宁夏夜市、士林夜市、饶河夜市等。2014 年 2 月,台中市"经发局"制定的《台中市摊贩管理辅导自治条例》规定,在公、私有指定区域许可设立原则下,属零星摊贩者不发证;摊贩集中区则采取申请许可制,未来还有评鉴、奖励等配套措施。目前该市列管摊贩集中区有 7 处,除了一处在梨山外,其他 6 处均在原台中市区,总摊贩数合计 1270 摊,纳入管理的摊贩基本都维持一定规范,包括保持动线宽度、清洁管理等。

根据《台北市摊贩管理自治条例》规定,允许核发摊贩营业许可证的有四种类型:一是低收入户;二是曾经登记在案;三是身体残障;四是在 1984 年以前就以摊贩为职业谋生。目前,台北市绝大多数持证摊贩都属于《条例》规定的第四种类型,即长时间开展经营活动,并以此为职业。《台湾省道路交通管理处罚条例》规定,对于未经许可在道路上摆摊设点的行为,警察有权处以新台币 1200 元至 2400 元的罚款,并没收货品。但是,在执法实践中行政处罚手段十分人性化,只有那些严重扰民、屡教不改且引发居民投诉的无证摊贩,警察才会进行严厉处罚。如果摊贩经过劝导主动撤离,基本上就会被免予处罚。

此外,在政府大力扶持下,台湾小商贩行会组织的自治程度相当高。《台湾省摊贩管理规则》明确要求摊贩必须加入摊贩协会之后方能营业;在没有成立摊贩协会的市县,政府还要辅导摊贩成立摊贩协会。《台中市摊贩管理辅导自治条例》规定一旦摊贩协会没有尽到职责,协会负责人将会受到新台币 5 万元以下罚款;如告诫后仍未改善者,处罚将逐日累计。①《台北市摊贩管理自治条例》还规定,台北市每一个摊贩集中的临时性市场,

---

① 参见《台湾省摊贩管理规则》第八条、《台中市摊贩管理辅导自治条例》第十五条。

第四章 国内外治理社区小商贩的主要经验

都必须建立由摊贩选举产生的"自治会",负责维护市场秩序、保洁卫生、催缴管理费用及对违规经营行为的检举查报等。例如,针对台北宁夏夜市油烟扰民的问题,"宁夏夜市自治会"专门组织摊贩筹资统一安装了油脂截留器;需要油爆、热炒的138家摊位全部接通油污入水口,并在"自治会"的倡议下自费安装了静电式除油烟机。十多年来,宁夏路的居民再也没有因环境污染而投诉夜市摊贩。

第三节 国外城市治理社区小商贩的主要经验

一、纽约经验:部门各负其责,管理手段严格

小商贩在美国称为"自雇业者"。目前纽约市约有2万名小商贩,涉及行业从贩卖汉堡、水果、小工艺品,到街头画像、弹琴卖唱、景点有偿合影等,五花八门。据统计,在曼哈顿下城兜售食品和旅游品的小商贩占46%,出售文化产品的约占28%。纽约市制定了完备的法律制度,通过强化监控、部门联动的方式治理小商贩,管理手段十分严格。

首先,在法律制度上,严格规定了各项管理细则。由于美国规范市场秩序的立法经验十分成熟,因此小商贩受到很多法律条款精细化、程序化的制约。纽约市专门制定了《商贩保护法第一修正案》和《纽约市自雇业者管理条例》;2011年旧金山市还颁布了加强管理流动小商贩的专门法案。[1] 这些地方立法对于小商贩的营业许可条件、营业时间及地点、食品卫生标准及操作规范、小商贩的法律责任与义务、收费与处罚依据等都做出了明确规定。此外,新泽西州立法要求所有的餐饮业小商贩必须佩戴塑

---

[1] 张冬来:《流动摊贩的法律地位和监管方式分析与对策》,载《城建监察》2011年第2期。

料手套经营；食品原材料必须保证在华氏40度以下；油炸食品用油不得反复使用，提供热水的明火不能灭；流动餐车距离马路边缘不得超过2英尺半，等等。纽约市立法还规定所有的餐饮业小商贩，必须取得卫生局的特别售卖许可方能营业。

其次，在管理体制上，由多个政府部门分工负责监管小商贩。美国地方政府治理体系十分复杂，由多个政府部门各司其职、分工配合，对小商贩实施严格监管。据2009年纽约市"小贩权益组织"的一项调查报告显示，小商贩每天都要面对包括警察局、卫生局、清洁局、税务局、消费者事务局、环保局和公园局等七家政府单位的日常监督检查。① 卫生局要求小商贩申请营业许可必须由本人亲自递交材料，不能通过邮寄也不能由他人代替。行政审批手续十分烦琐，要求申请者必须持有社会保险号码或个人税务号码、身份证、州销售税证书以及环保部门要求出具的凭证；材料备齐后，申请者还必须通过食品处理课程的专业考试。在申请者获得了营业许可证之后，才有资格申领餐车执照，从事小餐饮经营活动。警察负责在街头巡查，但没有对小商贩处以罚款和没收货物的权力，只能记录违法内容，然后将单据交给其他市政部门处理；屡教不改的违法经营者将会直接移交法院进行司法裁决。税务局规定每年前4个月小商贩必须主动上报所得税，并根据摆摊次数和经营商品类别确定应缴税额，偷税者将受到严惩。

再次，定期举办"街头集市"，为小商贩提供集中经营场所。"街头集市"（Street Fairs）是纽约最常见的小商贩集中经营场所，每年能吸引200余万游客，创造约150万美元的商机。为解决小商贩占道经营问题，纽约市政府于20世纪70年代专门成立了"街头集市协调管理办公室"，定期举

---

① 《新观察：美国小贩不怕"城管"？》，来源于新浪网：http://news.sina.com.cn/z/mgcg/，2014-12-02.

第四章 国内外治理社区小商贩的主要经验

办了只在周末对小商贩开放的"街头集市",允许小商贩在指定路段集中摆摊。在纽约市的曼哈顿、布鲁克林、皇后、勃朗斯、史坦伦岛等主要街区都有民间团体定期向政府申请路段举办"街头集市"。例如,华人较集中的皇后区在每年的春节、端午之际都会举办独具东亚风情的"街头集市",盛况空前。政府还会拨款给文艺团体,在集市上搭台演出吸引游客。经过近百年的发展,"街头集市"已经成为纽约市一道独特的文化风景线。

小商贩到"街头集市"摆摊,必须经过严格的审批程序。首先,小商贩要向集市举办方递交《摊位申请表》,摊位收费标准根据摊位大小、所在位置、季节月份而有所区别;摊位深度统一为10英尺,宽度10至20英尺不等,收费80至300美元。为避免无序竞争,集市举办方规定同一类商品在一个街头集市中最多只能有两个摊位。当小商贩收到集市举办方的批准函与摊位编号后,再持批准函向纽约市消费者事务局提出申请,并出示身份证与报税卡。约10个工作日,会收到消费者事务局颁发的为期30天的临时摆摊许可证。出售饮料、瓜果、糕点、烧烤等食品的餐饮业小商贩,还必须得到卫生局颁发的临时卫生许可证。集市举办方将摊位费收入的20%交给政府,用于补贴加班维持秩序的警察。2000至2005年,旧金山市卡斯特罗街头集市还将部分摊位费用于资助贫困学生,共计捐助达31万美元;西雅图市弗里蒙特街头集市也将部分收入捐给了防治艾滋病、孤儿院等社会福利机构,产生了积极的社会影响。

需要指出的是:近年来由于美国政府对小商贩管理日趋严格,使得小商贩生存十分艰难,经营风险居高不下。据纽约市"小贩权益组织"统计,目前纽约市2万多名小商贩大多数都处于收入贫困线之下,60%的小商贩没有医疗保险。由于制裁过于严厉,纽约市的小商贩平均每年遭遇1万起逮捕事件,收到4万张罚单,平均每单罚款433美元,最高罚款达1000美元;

社区小商贩社会治理创新研究

每年小商贩缴纳的罚款金额甚至超过其年收入的5%。纽约市"小贩权益组织"为此向市政府反复提出抗议，指出："街头摆摊不再是实现美国梦的第一步，而是每日与现实搏斗的噩梦。"[①]有鉴于此，美国媒体普遍认为，小商贩违法经营乱象是由于社会保障缺位和就业岗位缺乏所致；最根本的原因在于政府服务功能缺位，是政府之责而非小商贩自身之责。

二、巴黎经验：发展特色市场，打造城市品牌

法国巴黎的城市管理职能主要由警察部门和宪警部门承担。在具体执法环节中，警察采取了比较灵活的方式：对于既无执照又无身份证的外国偷渡客乱摆摊制裁较为严厉，一经发现立即将人带走，但不没收财物；对于无执照的本地小商贩，只要在规定地点摆摊又不影响交通，警察往往采取教育、劝阻和告诫手段，很少对其采取强制措施。

在巴黎，小商贩的固定经营场所主要分为"早市""节日集市"和"跳蚤市场"三种类型。"早市"有特定的经营时间，一般在清晨至上午经营。小商贩只要向政府提出申请，经过审核并缴纳管理费后，就可以领到"早市"执照，有资格在固定摊位营业。因为申请"早市"执照的手续简便，许多小商贩都愿意主动申领执照，使自身的经营活动得到保障。在国庆、圣诞等节假日期间，政府还会专门划出广场和路段举办"节日集市"，吸引了大批小商贩云集。由于"节日集市"时效性强，所售商品大多是节日饰品、特色食物等，游客所占比重较大，商品价格较高，因此小商贩缴纳的税款和摊位费也要比"早市"更高。政府在征税后，会主动为小商贩提供服务，例如警察会专门为"早市"站岗值勤、疏导交通；在"早市"结束后也会

---

① 《新观察：美国小贩不怕"城管"？》，来源于新浪网：http://news.sina.com.cn/z/mgcg/，2014-12-02。

有环卫工人负责清理保洁。① 而巴黎的"跳蚤市场"更是具有上百年悠久历史,其发展初期也经历过脏、乱、差和管理难的困境。巴黎市政府对"跳蚤市场"的管理思路是:将市区接近环城路各城门附近的主要街道,在每个周末轮流划定为举办"跳蚤市场"的地点,并在相关路口设立告示牌,将交通管制情况提前面向社会公布。在"跳蚤市场"营业期间,警察和消防队会随时待命,主动维持秩序。通过定时、定点、轮流举办"跳蚤市场",既可以避免小商贩到处兜售,又方便了市民集中购物,成为巴黎城市文化的靓丽名片。

三、马德里经验:简化经营手续,享受社会保障

2013年7月19日,西班牙正式成立了首个全国性小商贩NGO组织"全国流动商贩联合会"。根据该协会统计,小商贩创造的营业额占整个西班牙零售业的4%至7%。在欧洲面临金融危机、就业萧条的背景下,小商贩更成为许多低收入群体的主要谋生手段。在西班牙首都马德里的大街上,尤其是地铁站、中心广场这样的人群密集处,随处可见沿街兜售工艺品、皮具或者CD的小商贩。而在西班牙的农村小镇上,活跃着类似集贸市场性质的"流动集市"。如果小商贩希望在"流动集市"摆摊,只需要提交身份证和一份填好的申请表格,前往当地政府递交材料并缴纳摊位费用(每月30至50欧元)即可营业,十分方便。

在马德里,也有一些非法移民无法申请到经营许可证,只能用一张白布铺满货物,沿街叫卖,这些小商贩被当地人称为"包裹客"。据2013年7月31日西班牙《国家报》报道,加迪斯市的一名叫英玛古拉达·米奇尼娜的"包裹客"在街头贩卖手工制品,因向政府申请许可证三年未果,

---

① 丁大伟:《交税交社保,可领退休金》,载《人民日报》2013年8月13日第8版。

当众向市长提出强烈抗议，要求政府保障其"有尊严地活着"的权利，引发社会广泛关注。为帮助小商贩解决生计问题，西班牙专门颁布法律规定：小商贩只需要在社保部门和税务部门注册，并定期缴纳保险和税金，一到退休年龄就可以领取退休金，享受和普通市民完全一样的养老保障待遇，充分体现出对小商贩人权利益的尊重。

四、悉尼经验：管理工作细致，配套设施齐全

在澳大利亚的行政体制中，治理小商贩属于地方事务。以悉尼市为例，政府规定所有小商贩须向其所在街区的市政部门进行登记，交纳摊位费并定期缴税，即可持续营业。而地方政府通过对小商贩征收税费，允许其合法经营，不仅在一定程度上促进了城市经济繁荣，增加了财政收入，还能全面地掌握小商贩的经营状况，制定合理的公共政策。悉尼市政府对小商贩的管理工作十分细致，规定小商贩的所有详细信息必须记录在案，建立小商贩档案；一旦有消费者前来投诉，市政部门在第一时间介入调查处理，极大提高了处理纠纷的效率。[1] 除了自成体系的管理制度，悉尼市政府还建立了功能齐备的公共卫生、环境保护等市场配套设施，制定了完善的突发事件应急处理机制。为防止节日集市出现交通拥堵或发生踩踏事故，政府会提前一周将举办集市的时间、地点和规模告知公众，并提前实行交通管制；为避免发生食品安全事故，政府专门在小餐饮业集中的"美食街"设置了应急医疗处置点和临时食品检验点；为杜绝"脏乱差"现象，规定垃圾清理车每天定时对集贸市场路面进行清洁，统一对经营产生的固体废物和污水进行环保处理。加上悉尼市小商贩的文明素质本身较高，短斤少两、售假贩假、噪声扰民等现象较少发生，使得市场环境整洁美观，小商

---

[1] 赵小娜：《悉尼"城管"：完善征税体系全面管控》，载《参考消息》2013年6月26日第3版。

贩经营井然有序。

五、墨西哥城经验：申领执照简便，逃税制裁严厉

墨西哥首都墨西哥城的小商品经济十分发达，近三分之一的劳动者从事个体经营，全国的小商贩人数超过1300万。[1]墨西哥人的生活离不开形形色色的小商贩，大街上玉米煎饼摊、擦鞋摊和报摊随处可见，这些摊位也养活了数以百万的家庭。墨西哥政府出台了一整套完善的管理制度，规定小商贩只要持有财政部颁发的营业执照就属于合法经营，受到法律保护。居民如要申请营业执照，只需要在网上预约，再凭身份证、出生证或护照、签证以及地址证明到财政部或税务局递交申请，一般在申请当天就能够拿到营业执照，十分快捷。墨西哥政府还规定，持照小商贩每两个月必须缴纳固定税，最低200比索；小商贩必须向税务部门主动上报前两个月的收入情况，税务局根据其收入多少确定一年的固定税额。例如，一个小商贩一、二月份共计收入1万比索，则需缴纳200比索的固定税；如果收入为1.5万比索，则需缴纳300比索的固定税。一旦小商贩逃税，将会面临罚款、没收营业执照等严厉的处罚措施，情节严重者甚至会被判处监禁，接受刑事制裁。

六、新加坡经验：建立小贩中心，吸引小贩入驻

新加坡政府主要依照《环境公共卫生法令》这一部法律来管理小商贩，立法数量虽然较少，对小商贩的管理却非常精细化，并且得到了严格实施。自1968年起，新加坡政府对全国18万名小商贩进行登记，并从1971年起开始向小商贩发放执照。小商贩必须持有执照才能在街头摆摊设点，否

---

[1] 伍海燕：《国外管理小贩：扶持＋扶正》，载《国际先驱导报》2013年7月1日第6版。

则将面临行政处罚。新加坡政府管理小商贩的一大特色,就是由新加坡"建屋发展局"和"市区重建局"等政府机构出资建设"小贩中心"和"巴刹"(集贸市场),并以极低廉的租金将摊位分租给小商贩,吸引小商贩入驻经营。①在新加坡,无论是组屋区还是商业区、旅游景点或行政区,特色分明的"小贩中心"和"巴刹"让国民及游客流连忘返,充分享受到购物的乐趣。

具体而言,新加坡政府管理小商贩的主要经验包括以下方面。

一是明确管理体制。新加坡环境局将全国划分为五个管理区,规定由"小贩署"负责管理"小贩中心"和"巴刹"。在组屋区,作为出资方的新加坡"建屋发展局"拥有"小贩中心"和"巴刹"的产权,负责管理场所内的环境卫生;而"小贩中心"和"巴刹"所在的市镇理事会负责管理场所外的环境卫生。

二是统一规划建设。新加坡政府采取将小商贩引入室内经营,进行集中管理的方式。1971年,政府开始推行"小商贩迁徙计划",由"建屋发展局"在组屋区内投资建设"小贩中心",并以相对低廉的租赁成本吸引小商贩入驻。此后,新加坡在建设组屋区和商业设施时,都会同步规划建设相应规模的"小贩中心",特别是在组屋区还规划建设了大批规模较小的便民"巴刹",提供更多的经营档位,逐步解决了小商贩占道经营难题。

三是出台优惠政策。在"小贩中心"成立初期,新加坡政府以极低的租金吸引小商贩,比如市场价格为600新元租金的档位仅需200新元就可以租到。这一优惠政策一直延续到1990年,政府开始停止低价出租摊位,实行"摊位顶让制",对通过政府补贴获得承租权的小商贩,允许其自由转让承租权;但新接手的承租者必须按市场价格缴纳租金,使小商贩对档

---

① 张冬来:《流动摊贩的法律地位和监管方式的分析与对策》,载《城建监察》2011年第2期。

第四章　国内外治理社区小商贩的主要经验

位享有充分的自主经营权,以获取收益的方式自由退出市场。

四是实施翻新改造。考虑到于20世纪70年代修建的一批"小贩中心"早已年久失修,环境状况较差,新加坡政府于2001年推出为期10年的"小贩中心"翻新重建工程,整个工程耗资4.2亿新元。政府与新加坡"小贩公会"合作,共同制定改造重建方案,建设成本由"建屋发展局"和市镇理事会一起分担。在"小贩中心"改建完成后,仅小幅提高档位租金,以维护小商贩利益。

五是完善日常管理。在执法主体上,"小贩署"成立了若干支四人一组的稽查队,专门负责对档位食品卫生的稽查工作,一旦发现违法违规行为,立即采取措施。在执法方式上,以劝导为主,较少使用强制手段。

七、曼谷经验:重视商贩权利,奉行柔性执法

泰国首都曼谷市的小商贩约有2.5万人,其中经过合法登记的小商贩仅有1万多人,全市另外还有近1.5万名小商贩没有经过登记。政府规定,小商贩必须取得"名纸"(许可证)才能经营,且"名纸"每年必须重新登记一次,要求小商贩只能在政府指定的268个街区内摆摊设点。然而,没有经过登记的小商贩数量众多,覆盖了全市466个街区,散布在街头巷尾。基于传统佛教文化的洗礼熏陶,政府对这些非法经营的小商贩十分宽容,认为弱势群体的生存权至高无上,甚至远比市容环境和交通秩序更为重要;不让小商贩摆摊,很可能就会断送了他们的生计。为充分保护小商贩的生存权,政府规定所有经过合法登记的小商贩都无需缴纳管理费,且年收入2.5万铢以下者免税;同时派出警察维护268个设摊街道的秩序,打击欺行霸市行为。对于没有取得"名纸"的非法经营者,警察以劝阻为主,一般情况下仅要求他们给行人留出1米宽的过道即可,最高处罚也不会超过500

铢，更不会随意罚没货物。2006年，为彻底解决小商贩占道经营问题，曼谷市政府出台了一个"十年规划"，通过打通城乡就业屏障、提供就业信息、免费培训就业技能等措施，让非法经营的小商贩另谋职业，主动退出市场。

八、东京经验：法律制度健全，违法制裁严厉

日本有关管理小商贩的法律体系十分健全，制裁手段在亚洲最为严厉。立法主要包括《商法典》《食品卫生法》《轻犯罪法》①和《道路交通法》等。日本《刑法典》、单行刑法与"行政刑法"所规定的犯罪种类众多。由于社会关系的复杂化与犯罪形式的多样化，许多犯罪行为一旦得逞就会造成难以估量的危害结果，从而导致日本刑法具有明显的"早期化"倾向，即便在我国看来属于相对轻微的违法行为，也会被刑法定性为犯罪。根据东京都地方立法规定，小商贩的严重不文明经商行为属于"轻犯罪"，将通过刑法加以严惩。例如，在禁止经营路段和禁止经营时段摆摊；摆摊超过规定面积；向未成年人出售违禁商品；食品餐饮不符合卫生规范；经营产生噪声、废烟污染或没有废水、废油处理设备等都属于违法行为，将视情节轻重判为"轻犯罪"或犯罪行为，予以严厉的经济处罚或行政、刑事制裁。严格的法律制度对规范小商贩的日常经营行为产生了立竿见影的效果，使得日本小商贩不讲诚信、占道经营、制假贩假等现象极少发生。

九、首尔经验：城市分区管理，推行商贩自治

在韩国首尔市，政府将治理小商贩视为维护城市形象、树立城市文化的重要举措，因而小商贩的主管部门由文化观光部门担当，而不是警察局

---

① 日本的《轻犯罪法》于1958年5月1日制定，1983年10月1日进行了修改。《轻犯罪法》全文共4条，第2条规定了属于"轻犯罪"的类型。该法通过规范公共秩序与公共健康的行为，明确地规定了犯罪行为的执法主体，使得日本的城市管理秩序井然。

第四章 国内外治理社区小商贩的主要经验

或市场管理部门。在治理理念上，政府持有十分宽容的态度。只要小商贩能严格约束自身行为，政府就会默许其经营，还会在指定经营区域提供后勤保障服务，吸引了大量小商贩和大学生摆摊创业或贴补零用。韩国非常重视发挥小商贩自治组织的功能。在政府积极推动下，"全国摊店业主联合会"于2010年正式成立。首尔市政府没有对小商贩的经营资格实行严格的行政审批，而是授权"全国摊店业主联合会"进行管理。只要小商贩申请加入联合会，获得联合会批准后就可以自由开展经营。截至2013年，"全国摊店业主联合会"的成员已有4万多人，拥有自己的章程、独立运营机构、管理人员及网站，逐步发展成为目前东亚地区最大的小商贩自治组织。

在管理方式上，首尔市政府采取了较为灵活的"分区域管理法"，将城市划分为三类区域：第一类是"绝对禁止区域"，是指摆摊会造成交通拥堵、环境污染或影响城市正常秩序的区域，包括主干道、火车站、汽车站、广场、政府机关等区域，严禁小商贩摆摊设点。第二类是"相对禁止区域"，是指摆摊对城市秩序危害较小的区域，如旅游景点、商业区、文化区等，对申请在此摆摊的小商贩实行规范管理，严格限制小商贩的摊位大小、经营范围和经营时间。第三类是"诱导区域"，包括城市外围空地、河溪两侧道路，以及长期形成的传统市场等。[①] 政府允许小商贩在这些区域自由摆摊，但对经营范围和经营时间也有明确规定。从实施效果来看，"分区域管理法"不仅有利于政府灵活机动地管理，也有利于小商贩按图索骥、自觉遵守。在执法过程中，执法者的态度非常温和，主要以说服教育为主，很少与小商贩发生暴力冲突。如果小商贩违法经营系首次初犯，将根据法律有关"禁止非法占道从事营利活动"的规定，罚款4.5万韩元；如果是

---

① 《世界各地小贩风景线》，载《国际金融报》2009年7月24日第8版。

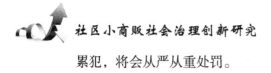

累犯,将会从严从重处罚。

第四节 对国内外治理社区小商贩主要经验的总结

通过对上述35个国内城市(地区)、9个国外城市治理小商贩的主要模式、基本思路及具体做法进行归纳分析,可以总结出如下经验:

一、治理思路应以维护人权、保障民生为出发点

就业是民生之本。从国外治理经验来看,绝大多数发达国家和地区都将小商贩视为平等的市场主体,赋予其合法的市场地位,将为小商贩"维权"放在"管理"之前,更加注重对小商贩的人文关怀,更加贴近小商贩的民生利益,而不是视为"二等公民"加以排斥。政府既要求小商贩依法承担缴纳税费等法定义务,也让其充分享有各项权利,如知情权、参与权、表达权、监督权以及平等经营权、社会保障权等。例如,西班牙专门颁布立法让外来小商贩在劳动保障和养老保险方面享有"国民待遇";新加坡政府处理违法经营的小商贩奉行"柔性执法"手段,很少采用强制措施;巴黎市的警察和消防队在节假日会主动为"跳蚤市场"维持营业秩序;悉尼市政府为小商贩聚集区提供免费环境保洁服务;泰国政府甚至愿意以牺牲一定的市容环境为代价,让小商贩在夹缝中谋求生存,这些都是社会治理理念趋于文明和进步的表现。

从国内治理经验来看,中共十八届三中全会《决定》明确指出:"建立健全党和政府主导的维护群众权益机制,畅通和规范群众诉求表达、利益协调、权益保障渠道。"按照这一指导思想,无论是"武汉经验"打造社区就业平台、对无照经营的小商贩实行备案管理;"吉林经验"

第四章 国内外治理社区小商贩的主要经验

为小商贩豁免工商登记手续;"湖南经验"为小商贩大幅简化登记流程;济南市为瓜农绘制"西瓜地图";还是临沂市免费为小商贩搭建固定经营的小木屋等,都充分体现出政府在社会治理过程中贯彻"以人为本"的指导思想,实现与群众换位思考,通过拓宽就业入口、降低就业门槛、提供公共服务等途径,切实维护小商贩的就业权益,降低小商贩的创业风险。

二、坚持服务型政府导向,体现公共服务价值

"北京经验"和"广州经验"的最大特色在于:改变了过去政府管理片面强调管制与服从、只注重执法效果、突出刚性约束的管理思路,转而强调服务民生,千方百计帮助小商贩解决实际问题。政府通过优化公共决策、改进执法手段、畅通对话渠道、及时定纷止争,最大限度地促进社会和谐稳定。无论是纽约的"街头集市"、巴黎的"跳蚤市场"、新加坡的"巴刹"、首尔的"诱导区域",还是广州的"商贩服务中心"、北京的"临时集贸点"、呼和浩特的"便民市场"、台北的"临时摊贩集中场"等,都属于政府主动发挥公共服务功能,不断完善公共产品供给,创新公共管理手段的成功范例。

由此可见,对无照经营的社区小商贩围追堵截、强行取缔绝非良策。应坚持服务型政府导向,变"管理优先"为"服务优先",在不违反公共利益和市场秩序的前提下,奉行疏导为主、疏堵结合的治理策略,积极帮助小商贩求生存、谋出路、保生计。政府的治理思路由"围追堵截式"的末端控制向"防患于未然"的源头治理转型,积极引导小商贩合法、有序、健康地开展经营活动。从国内外治理经验来看,由政府出资建立,或由政府部门、基层自治组织、企业和行会组织共同建立小商贩集中经营场所(如

摊贩中心、大型集贸市场、便民市场等），事实证明是行之有效的路径。既能够满足群众消费需求，又为小商贩提供了遮风避雨的经营场所，还为集中统一管理小商贩、依法征收税费创造了良好环境，较好地解决了困扰城市治理的难点问题，缓解了市场监管部门的执法压力，使市容环境整洁有序。

三、工商和城管部门在小商贩治理中发挥关键作用

在我国，工商部门和城管部门承担着重要的行政管理职能。工商部门主要负责市场准入的"入口"关，通过核发营业执照，赋予市场主体合法身份，监督流通环节的市场活动；城管部门主要负责综合整治市容环境，是社会秩序的维护者和城市面貌的"美容师"。这两个行政部门的日常工作职能都与社区小商贩密切相关，在社区小商贩社会治理体系中扮演着重要角色。在实践中，"武汉经验""吉林经验""湖南经验"都突出强调了工商部门发挥主导作用，通过豁免工商登记、简化登记手续或变通登记方式，降低市场准入门槛，破解小商贩无照经营难题；"广州经验""上海经验"和"日照经验"则以城管部门为主导，通过划地集中经营、精简审批流程、实行人性化执法等方式，为小商贩创造低风险、低成本、竞争有序的经营环境。由此可见，充分发挥工商部门和城管部门的核心作用，立足小商贩群体的民生诉求，为社区小商贩群体搭建对象广、门槛低、方式活的集体创业平台，通过各种灵活多样的便民措施，调整市场准入门槛，为那些想创业的自主就业者提供良好的起步平台，营造宽松的就业环境，鼓励其以较小的投资风险从事创业，形成规模效应；同时也应建立完善的日常监管机制，杜绝社区小商贩违法经营现象发生。

四、将社区打造成小商贩治理的基层平台

社区是小商贩最主要的活动领域，也是直接服务群众、维护社会稳定的基层平台。从实践经验来看，无论是武汉市、无锡市和泰州市将"社区服务中心"打造成帮扶小商贩就业的载体，还是宜昌市对社区小商贩实行"网格化"精细管理，都彰显出社区在小商贩治理中发挥着重要作用。

从社会治理创新的现实需要与社区建设的长远发展考虑，社区治理作为基层社会治理的重要领域，需要不断强化基层社会服务水平，充分激活基层群众自治功能，将社区从单一的基层自治组织转变为社会治理的积极参与者，在小商贩治理体系中发挥更为重要的作用。

五、注重发挥小商贩自治组织的功能

在国外，小商贩行会组织十分发达。韩国首尔市政府直接委托"全国摊店业主联合会"来管理小商贩，目前会员已有数万人；美国纽约的"小贩权益组织"经常活跃在政府听证会和媒体报端，扮演着"小贩代言人"角色，主动向市议会建言献策；台北市为鼓励小商贩自我管理，还专门出台了地方立法《台北市摊贩管理自治条例》。在国内，随着社会治理创新的深入推进，多元参与的治理理念逐渐深入人心，越来越多的小商贩自治组织开始活跃在公共领域中。无论是北京胡同里的"摊贩自治会"、上海黄浦江畔的"摊贩义务志愿者队"，还是珠海刚刚兴起的"小贩自治委员会"，以及四川广安较为成熟的"菜贩自治会"等，都充分表明：政府通过简政放权，积极引导小商贩自治组织自我管理、自我约束，不断扩大社会自治主体的范畴，提升基层群众自治组织的话语权，不失为提升社会治理成效的一条良策。通过充分发挥社会自治组织的功能，既要强调主体多元性和

广泛参与性,彻底改变由"政府之手"包揽独办的"一元化"管制思维;又要注重宏观与微观相结合,充分激活政府、社区居委会和小商贩自治组织等各方面的正能量,使政府治理与基层自治两种治理模式互相促进、相得益彰。

第五章　社会治理创新背景下的社区小商贩治理模式

第一节　理念的飞跃：从社会管理到社会治理创新

一、社会管理的基本理论

所谓社会管理，是指政府和社会组织遵循社会发展规律，充分整合社会资源，促进社会系统协调运转，对各项社会事务和社会发展的各个领域进行组织、协调、规范和监督，进而实现社会和谐稳定发展。社会管理的基本任务包括协调社会关系、化解社会矛盾、维持社会秩序、促进社会公正、实现社会和谐等方面。

从社会管理提出的时代背景来看，在中共十四届三中全会《关于建立社会主义市场经济体制若干问题的决定》中首次提出"加强政府的社会管理职能，保证国民经济正常运行和良好的社会秩序"。中共十六大报告中进一步提出"经济调节、市场监管、社会管理、公共服务"是政府的四项主要职能。随着改革逐步深入，社会转型期带来的阶层分化、利益多元和文化差异性导致各类社会问题层出不穷，新老矛盾交织累积。在某些特定的社会领域内,社会分配严重失衡,社会参与显失公正,改革红利分享不均,不同阶层的对立冲突时有所见。有鉴于此,中共十六届四中全会进一步强调"加强社会建设和管理,推进社会管理体制创新"。

从社会管理的特征来看,要求政府不断优化管理思路,改进管理方法,对现有的利益分配格局进行结构性调整;综合运用经济、行政、道德、科技等多种管理手段,促进社会和谐,推动各项社会事业持续稳定、健康发展。

从社会管理的内涵来看,主要包括以下五个方面:一是维护社会和谐稳定,保证良好的社会秩序;二是保障群众权益,妥善处理人民内部矛盾;三是优化基层服务体系,健全基层社会管理体制;四是完善公共安全体系,建立应急管理体制;五是增强社会法治观念,倡导社会诚信风尚。

二、从社会管理到社会治理创新的飞跃

所谓社会治理,是指在多元化的社会主体之间建立平等协商、互利共赢的伙伴关系,通过分工协作和资源整合,实现各方社会主体共同参与公共决策,共同开展社会管理实践,最终实现公共利益最大化的过程。所谓社会治理创新,是指以实现治理现代化为主要目标,不断健全社会治理体系,优化社会治理结构,提高党和政府的治理能力,改进社会治理方式,创新社会治理手段,进一步还权于社会,充分激发社会活力,进而实现保障民生福祉、促进公平正义、防范化解社会矛盾、维护公共安全的"善治"目标。[①]2013年11月,中共十八届三中全会明确提出"创新社会治理,必须着眼于维护最广大人民根本利益,最大限度增加和谐因素,增强社会发展活力,提高社会治理水平"。从"社会管理"到"社会治理创新"提法的改变,充分体现出当代中国政治文明的时代变迁,既是一次治国理念的

---

① 江必新、李沫:《论社会治理创新》,载《新疆师范大学学报》2014年第2期。

第五章 社会治理创新背景下的社区小商贩治理模式

飞跃,也是中国特色社会主义理论的重大发展。

与传统的社会管理理论相比,社会治理创新具有四大特点:

首先,社会治理创新的主体多元化。社会管理侧重于党和政府对社会进行控制和管理,主体具有单一性。社会治理创新强调主体多元化,任何一个单一主体都不能垄断治理资源、独占治理实践过程。各类企事业单位、各类社会自治组织,甚至包括公民个体都与政府一样,能够深度参与社会治理的全过程。

其次,社会治理创新的手段多样化。社会治理方式从由政府管控所有社会事务向多样化治理转变,要求政府在依法行使权力之外,更加善于灵活运用法律、市场、文化、道德等多种手段,提供公共服务,满足群众需求,尤其要善于运用法治思维和法治方式化解社会矛盾,促进社会和谐稳定。

再次,社会治理创新的过程协同化。社会管理主要表现为政府对社会成员的命令、约束和控制。社会治理更加强调在多元管理主体之间开展平等对话、分工合作与协商互动;治理过程由政府包揽独办向政府主导、社会各方力量协同参与治理转变。

最后,社会治理创新的方式民主化。社会管理以命令、处罚和服从为导向,通过强制性手段,实现自上而下的管理和约束。社会治理更加重视发挥民主的作用,尊重利益多元和文化差异,强调教育、引导和服务整合功能,通过营造良好的协商民主环境,积极鼓励各类社会主体自主表达、自行约束、自我管理。

由此可见,从"政府管制"到"社会管理"再到"社会治理创新",充分体现出当代中国的治国方针与时俱进,不断发展,使中共执政思路更加民主化、科学化、规范化,使政府的管理行为更加人本化、法治化、理性化。这既是对我国经济社会发展规律的科学论断,也是党在治理体系上的重大理论创新和实践创新,昭示着当代中国的社会治理正不断走向成熟和完善。

(一)从社会管理到社会治理创新,体现了治理现代化的客观要求

中共十八届三中全会《全面深化改革若干重大问题的决定》明确提出"推进国家治理体系和治理能力现代化",首次在党的重要文件中揭示了治理与现代化之间的内在联系。所谓现代化,是实现国家富强、民主、文明的必由之路,是指发展中的中国社会为了实现发达的工业社会和信息社会所具有的时代特征,而经历文化与社会变迁、包容一切的全球性过程。① 为实现治理现代化的目标,党和政府就必须树立科学发展、协商民主和简政放权的治理理念,坚持法治国家、法治政府和法治社会共同推进,不断优化社会治理体系内的各项基本制度,最大限度地摒除和克服体制顽疾,推动社会治理不断走向成熟和完善,为实现"四个全面"战略目标奠定坚实的制度基础。

(二)从社会管理到社会治理创新,体现了治理理念的深刻变革

由社会管理向社会治理创新转变,必然会带来治理理念的深刻变革。计划经济时代所奉行的"一元化"管制思维已经难以适应经济社会发展的新形势,必须重塑社会治理理念,构建政府与其他治理主体平等协商、分工合作、互利互惠、共治共赢的新模式,着力实现四个转变。

一是在治理主体上,由政府包揽独办向社会多元治理转变;二是在治理结构上,由政府对社会单向度管制向政府与社会多维度合作转变;三是在政府职能上,由政府管理向公共服务转变;四是在治理思路上,由高度集权向简政放权转变。通过创新社会治理理念,使各方社会主体的活力得

---

① 威廉·A·哈维兰:《当代人类学》,王铭铭译,上海人民出版社1987年版,第575页。

第五章 社会治理创新背景下的社区小商贩治理模式

到充分焕发、潜力得到充分激活,使社会治理结构达到资源整合、优势互补的均衡稳定状态,让改革发展的红利惠及全体人民。

(三)从社会管理到社会治理创新,体现了依法治国的基本方略

中共十八届四中全会《全面推进依法治国若干重大问题的决定》强调:"全面推进依法治国,促进国家治理体系和治理能力现代化。"依法治国是党领导人民治国理政的基本方式,是社会主义民主的根本保障,也是全面深化改革的必由之路。实现社会治理创新,关键在于落实依法治国这一基本方略。

从依法治国在社会治理创新中的作用来看:首先,依法治国具有公正性。能够营造公平正义的社会秩序,维护社会和谐稳定,使社会治理井然有序。其次,依法治国具有权威性。通过制定严格的行为规范,强调宪法和法律面前人人平等,将权力关进制度的笼子。再次,依法治国具有科学性。根据社会发展的客观规律制定法律规范和程序,反映时代变迁的本质特征。还有,依法治国具有稳定性。通过制定合理的利益协调机制,及时化解社会矛盾冲突。最后,依法治国具有强制性。由国家强制力保证实施,摒除体制机制的顽疾,推动改革阔步前行。由此可见,依法治国是一切社会治理活动必须遵循的基本原则,是实现社会治理创新的前提和基础。

(四)从社会管理到社会治理创新,体现了民主政治的发展进步

社会治理创新强调人民在政治生活和社会生活中的主体地位,是社会主义民主政治的直接体现;充分保障人民参与管理社会事务的权利,使各阶层民众都能平等地参与公共决策,监督权力运行,实行自我管理,进而实现协商民主的目标。从社会治理创新的价值定位来看,不仅是为了满足群众日益增长的物质需求,更是为了满足群众日益高涨的民主诉求。政府通过建立信息公开、决策咨询、政策听证、舆论监督等制度,充分保障公

民的知情权、表达权、参与权和监督权;通过积极培育社会自治组织,成为公民有效政治参与的重要载体;通过积极开展协商对话,形成政府与社会之间彼此尊重、平等交流的良性互动关系,使民主制度更加健全、民主渠道更加畅通、民主形式更加丰富。

(五)从社会管理到社会治理创新,体现了善治目标的价值指向

"善治"(Good Governance)即良好的治理,是以实现公共利益最大化为目标的社会治理。其本质特征是政府、社会组织与公民对公共事务实现分工协作、相互配合,充分整合治理资源,不断提高治理效率,最大限度地促进公共福利,维护社会和谐稳定。"善治"在赋予公民更多机会参与公共决策的同时,也强调充分发挥公共政策对于公共利益的维护功能;既为平衡社会治理结构提供了标尺,也为提升社会治理能力指明了方向,[①]因而是当代中国社会治理创新的价值指向。

从内容上看,"善治"目标对社会治理创新的具体要求包括法治、公平、参与、效率、回应、透明、安全、和谐八个方面。所谓法治,是指社会全体成员普遍树立了正确的法治观念,严格依照法律规范和程序办事。所谓公平,是指各类社会主体在资源分配上享有公正待遇和平等权利。所谓参与,是指各类社会主体有权对社会事务广泛发表意见,并得到尊重。所谓效率,是指政府全面、准确、及时地提供公共服务,不断降低管理成本。所谓回应,是指政府认真对待社会成员的利益诉求,并积极加以满足。所谓透明,是指社会治理的决策、过程和结果应及时面向公众公开,不搞暗箱操作。所谓安全,是指人的基本生存得到保障,社会成员的各项权益不受威胁和侵害。所谓和谐,是指在社会关系中消除了冷漠、对抗和冲突,

---

① 陈广胜:《走向善治》,浙江大学出版社2007年版,第102页。

通过利益整合和文化趋同,实现不同主体之间融洽相处。

综上所述,从社会管理到社会治理创新的飞跃,必然会带来一场深刻的思想变革、制度变革和行为方式变革。"善治"目标的实现,必须以改善民生、保障民权、倡行法治为重点,对滞后的社会管理体制、机制进行大刀阔斧的改革,实现多元化治理主体的交集融合,在全社会范围内营造和谐有序的治理氛围。通过全面深化管理体制改革,强化顶层设计,切实保障公民的基本权利,维护社会公平正义,从根本上消除不稳定因素,使社会治理充满生机和活力。

三、社会治理创新对社区小商贩治理工作的指导意义

当前,我国正处于改革发展的重要机遇期和社会矛盾凸显期,社会治理任务十分艰巨。在处于社会治理体系最基层的社区治理领域,随着城市人口急剧增多,社区发展不平衡、不协调、不可持续问题较为突出,具体表现为:一是社区管理对象扩大,现有的社区管理体系难以覆盖;二是社区管理难题增多,单一的社区管理手段难以奏效;三是社区居民利益诉求升级,落后的社区服务水平难以满足。既没有针对当前社会分层和利益冲突加剧的新形势积极寻求对策,也没有实现社会发展与社区资源承载力之间的有机契合。这些问题和矛盾,在社区小商贩治理过程中体现得尤为突出。

在全面深化改革的时代背景下,有必要从社会治理创新层面加强和改善社区小商贩治理工作,充分激发社区治理活力,增加社区和谐因素。将社区小商贩治理工作纳入社会治理创新视域,既是维护市场秩序、促进公平竞争的客观要求,也是保障充分就业、增进民生福祉的客观要求,更是建设法治社会、实现治理现代化的客观要求。具体而言,社会治理创新对

社区小商贩治理工作的指导意义体现在如下方面。

一是强调治理结构扁平化。所谓治理结构扁平化，是指在社会治理实践中，政府、社会组织、公民等治理主体广泛参与、平等协商、共同决策，治理结构由垂直型的管理体制变为扁平型的治理体制，进而实现多元共治。治理结构扁平化的本质是一种参与式民主，其核心价值在于促进政府与社会的关系持续良性发展，达到最佳和谐状态。具体到社区小商贩治理工作中，尤其需要充分发挥基层社区和各类社会组织（主要是小商贩自治组织）的自治功能，实现自我管理、自我教育、自我约束。

二是强调治理过程中政府与社会双向互动。在社区小商贩社会治理体系中，不同类型的治理主体目标一致，各个治理要素紧密契合，既有政府作为公共管理者，面向社会履行决策、管理、服务、规范、调控等多方面职能，也有社区居委会、小商贩自治组织等治理主体面向政府开展监督、建议、评价等多方面活动；既有自上而下的管理与约束，也有自下而上的反馈与参与。这种"双向互动"的治理架构充分体现出社会治理创新的民主化特征。

三是强调法治在治理中的核心地位。首先，"良法善治"是统一的整体。必须以实现法治国家、法治政府、法治社会共同推进为前提，才能形成"善治"的基本规则。离开了法治的规范和保障作用，社区小商贩治理工作将会陷入混乱无序的境地。其次，法治为社会治理实践提供了合法性基础。法治是一切社会治理活动得以正常开展的基本行为准则。无论是社区居委会开展的群众自治、小商贩自治组织的行业自律，还是政府的抽象和具体行政行为，都必须严格依法办事；任何不符合法律规范的政府决策和治理活动都将失去合法性基础，从而不被人们认可和接受，也得不到强制力保障实施。再次，法治是社会治理创新的制度基础。社会治

第五章 社会治理创新背景下的社区小商贩治理模式

理创新的首要目标就是实现"规则之治",运用法律手段进行顶层设计,将治理理念和治理措施进行固化,实现社区小商贩治理工作的制度化、规范化、法制化。

四是强调发挥协商式民主的功能。随着全面深化改革的推进,社会利益多元化的趋势日益明显,观念碰撞、矛盾冲突不断累积。从法理学角度而言,社会矛盾和冲突本质上就是利益冲突;而协商式民主是化解利益冲突的有效途径。社区小商贩治理工作涵盖多方利益主体,涉及形形色色的利益诉求,更需要政府广开言路,坚持"开门搞治理",构建程序合理、环节完整的协商民主体系,不断拓宽社会基层的民主参与渠道,多方面听取群众尤其是小商贩群体的意见,及时协调处理好各类社会纷争,最终达成共识。

五是强调信息公开的重要性。所谓信息公开,是指政府和各类组织机构向公众公开自己所拥有的信息资源,使社会公众能够基于正当的理由、采用简便的方式准确、及时地获取信息。信息公开不仅是保障公民知情权的重要制度,也是实现社会治理多元化的前提条件。在社区小商贩治理过程中,要及时、准确地面向小商贩公开政府办事流程和法律、政策依据,明确告知其享有的权利和义务,帮助其知晓维权救济渠道,将政府管理和服务置于阳光下,主动接受监督和批评。

总之,创新社会治理体制机制、提升小商贩治理水平应遵循"以人为本、保障民生、依托社区、整合资源"的指导思想,充分借鉴国内外城市的先进治理经验,不断创新治理理念,拓宽治理领域,改进治理手段,提高公共决策水平,充分发挥基层自治组织的主动性和能动性,有效调处社会矛盾,实现维护小商贩就业权利与促进城市、社区和谐稳定发展之间的有机平衡。

社区小商贩社会治理创新研究

第二节 社区小商贩社会治理创新的主要模式

一、对现有四种小商贩管理模式的分析与评价

（一）政府主导型管理模式

在研究报告第四部分"国内外治理社区小商贩的主要经验"中，对国内 35 个省市（地区）、国外 9 个城市如何管理小商贩的具体做法及经验进行了总结归纳。其中，政府主导型管理模式最为常见，也是目前国内最主要的小商贩管理模式。政府主导型管理模式的特征是：政府集中掌控管理决策权和决策执行权，是一种由政府主导并强化的"单中心"管理模式；而小商贩与社会公众只是行政管理手段的被动接受者。从国内经验来看，例如广州市设立"摊贩中心"实行划地集中管理、北京市开辟"便民集贸市场"、济南市制定"西瓜地图"，以及吉林省豁免工商登记、湖南省放松登记条件等；从国外经验来看，例如曼谷实行"名纸"登记制度、纽约市政部门联动管理机制，以及新加坡政府出资设立"小贩中心"等，都属于由政府权力主导推动，并通过"政府之手"整合社会资源，运用行政手段管理小商贩的方式。

从改革开放初期北京、上海等地管理小商贩的经验看，主要是以严格控制为管理目标、以围堵遏制为执法导向、以命令与服从为特征的"管制型"模式。这种"管制型"模式成本高、效率低，管理手段简单粗糙，既缺乏对管理对象的人权体恤和人文关怀，又难以适应日新月异的城市化进程与社区发展现状，与多元化的社会治理格局严重脱节。随着体制改革逐步深入，由"政府管制"向"社会管理"转型的改革思路日益清晰，特别是自 1997 年城管部门成立以来，政府的管理思路出现重大调整，变围堵为疏导、变管制

第五章　社会治理创新背景下的社区小商贩治理模式

为服务的"服务型政府"理念深入人心。在这一时代背景下，不少城市开始解除对小商贩的全面限制，实行"疏堵结合"的政府主导型管理模式。

具体而言，政府主导型管理模式具有如下特点。首先，作为小商贩开展经营活动的主要载体——"小商贩中心"（或集贸市场、便民市场、"疏导点"等）属于公共物品，具有投资金额大、回收周期长、经济效益低等特点。如果仅仅由市场供给，可能无法满足日益增长的消费需求，甚至出现市场失灵。此时由政府作为投资管理主体，能够有效缓解供给短缺的问题。①其次，政府变"管制"为服务，既能有效缓解小商贩与执法者之间的矛盾，减少管理过程中的对抗冲突；又能为群众生活提供便利，实现公共服务最大化。最后，由政府出面主导社会管理，既具有权威性，又能够有效提升城市空间资源利用率，繁荣城市经济。

与此同时，由政府主导的"单中心"管理模式难以适应多元化社会治理格局的新要求，带来了诸多弊端。其一，由于城市空间资源稀缺，要打破现有的规划格局，针对小商贩管理的现实需求重新分配空间资源难度较大。目前国内各城市为缓解供需矛盾，见缝插针修建的各类"摊贩中心"、集贸市场和"疏导点"毕竟数量有限，难以满足庞大小商贩群体的就业需求。其二，容易引发"经济人"现象，造成管理的低效率。政府主导型管理模式在一定程度上必须依赖于政府财政的高额投入，例如新加坡政府2001年出台的"小贩中心升级改造计划"耗资高达4.2亿新元。一旦管理小商贩的疏导成本远远高于围堵成本，基于"经纪人"的趋利性，地方政府有可能出现消极对待，甚至推诿敷衍的现象。例如，国内有的城市为降低管理成本，将"摊贩中心"建在地价便宜、偏僻冷清的城郊结合部，根本无

---

① 郭宁：《我国城市流动摊贩治理模式研究》，2010年暨南大学硕士学位论文。

法对小商贩和消费者产生吸引力。其三,基层政府职能部门现有的管理水平难以胜任。例如,浙江省温州市在老城区商业街整治过程中,曾经建设过大量"疏导点",也规定了早市、夜市的摆摊时限。但由于基层执法部门人数有限,执法者每天都不得不早出晚归,定时巡查。而早市从凌晨3点开始,晚上从8点半一直营业到凌晨。长此以往,让执法人员疲于奔命,执法效果大打折扣,不仅没有疏导成功,反而越疏越乱。

(二)社区主导型管理模式

作为社会治理体系中最基层的组织架构,社区发挥着极为重要的作用,已成为当前社会治理工作的有力抓手,在社区发展规划、提供公共服务、培育民间组织、扩大公民参与、培育社区精神、创新自治机制等方面积累了丰富经验。从实践探索来看,以湖北省武汉市和江苏省为代表的社区"一照式"备案制度启发了社区主导型管理模式的新思路。

从经济学角度而言,当某种社会活动产生的外部性以社区为辐射范围时,如果将产权界定给私人,交易成本会居高不下;如果将产权界定为公共财产,由政府来运作,又会造成臃肿的官僚成本。只有把产权界定给社区自身,由社区负责管理运作,才是最有效率的。与政府主导型管理模式相比,由社区管理小商贩所涉及的管理层级较少,管理成本也较低。对小商贩的经营活动而言,当其产生的外部性仅仅涉及某个社区时,就应当将产权(包括日常监督权、市场管理权)界定给社区,由社区和小商贩进行博弈,进而实现外部性的内在化。[①] 根据上述理论,让社区广泛参与到社

---

① 在经济学理论中,外部性是一种经常出现的经济现象,其特征表现为外部经济和外部不经济。外部性是造成市场失灵和政策失灵的主要原因之一,它的存在意味着市场资源的非帕累托最优配置,不利于经济可持续发展。为了消除因外部性而引起的市场失灵,就要将外部费用引进到价格中,从而激励市场中的买卖双方改变理性选择,生产或购买更接近社会最优的量,纠正外部性的效率偏差,这种纠正过程称为"外部性的内在化"。

第五章 社会治理创新背景下的社区小商贩治理模式

会管理过程中,不仅能消除公共管理的视野盲区,促进官民对话与协商式民主,有效弥补"政府之手"的短板,还能有效调动各类基层社会主体参与管理的积极性,充分激发社区的自治活力。

具体而言,社区主导型管理模式的优势在于:首先,在社区主导型管理模式中,社区与小商贩形成了利益共同体,二者是紧密契合、相辅相成而非相互对立的关系,容易达成共识。其次,能够充分发挥社区自治功能。立足社区实际制定管理规则,实施人性化的管理措施,有效减少管理层级,提升信息传递的准确性,大幅降低行政成本。再次,能够有效协调社区居民与小商贩之间的关系,整合不同主体的利益诉求。通过开展形式多样的社区自治活动,既能充分体现社区居民的意愿,又能汇聚小商贩的心声,从而制定出平衡各方利益的管理规则。最后,能够帮助政府及时掌握小商贩的经营状况,加强政府与小商贩对话沟通,协助工商、城管等职能部门开展执法工作,共同维护社区秩序。

然而,由于我国社区自治组织发育较为缓慢,导致社区主导型管理模式存在缺陷,具体表现为:一是社区地位被边缘化。在我国现行的行政管理体制下,作为基层群众自治组织的社区居委会并未真正体现出独立性。社区居委会的人、财、物等关键资源都与街道办事处(政府派出机构)和上级政府存在着极为密切的依附关系——社区干部由政府任命,工作任务由上级指派,日常经费由政府拨付,使得社区居委会在大部分自治事项上都不得不听命于政府,呈现出"社区行政化"的趋势,严重阻碍了社区自治功能的充分发挥。二是社区日常工作负担较重。上至综治维稳、人口计生、文明创建、社区矫正,下至防火防盗、日常宣传、环境卫生,繁重的工作压力让社区工作者不堪重负,难以保证有充足精力实现自我管理、自我服务。三是社区监管功能缺位。作为基层群众自治组织,社区本身没有任何

社区小商贩社会治理创新研究

行政权力,现行立法也并没有将市场管理权授权给社区,导致依托社区平台管理小商贩容易受到工商、城管、民政等职能部门的影响和干预。例如,前文提及的北京市崇文区革新西里社区推行的小商贩自治试点,是全国最早开展社区小商贩自治的积极探索,却因为影响到城管部门的执法权而遭受多方阻挠,被迫在实施仅一个月后就"无疾而终"。

(三)小商贩自治型管理模式

随着政治文明进步,为适应多元化社会管理格局的需要,各种类型的社会自治组织不断涌现。从治理现代化的角度而言,小商贩自治型管理模式是最符合多元治理特征的管理方式。无论是四川省广安的"菜贩自治会"、珠海的"小贩自治委员会",还是香港的"小贩管理咨询委员会"、台北的"摊贩协会"和首尔的"全国摊店业主联合会",都属于小商贩自我管理、自我监督、自我约束的典型范例。相对于政府主导型管理模式和社区主导型管理模式,小商贩自治型管理模式更能代表小商贩自身利益、更具有行业针对性和号召力,同时也能大幅降低政府管理成本,提高管理效率。小商贩自治型管理模式的优点在于:

一方面,根据公共选择理论,经营者的自我道德约束可以使其避免从事负外部效应的行动,积极从事具有正外部效应的行动。[①] 长期以来,我国政府管理小商贩的主要思路在于遏制小商贩发展,以避免其扰乱正常的城市秩序。由于部分小商贩素质不高,很难主动消除其经营行为造成的负外部性。而"菜贩自治会""小贩自治委员会"和"摊贩协会"等小商贩自治组织通过开展自我教育、整合利益诉求、实行行业自律等方式,使小商贩充分认识到违法经营的危害,督促其主动采取措施减少经营活动中的负外部性。同时,小商贩自治组织通过设计"选择性激励"机制,对违法

---

① 参见"公共选择理论"词条释义,来源于维基百科:http://zh.wikipedia.org/wiki/%E5%85%AC%E5%85%B1%E9%81%B8%E6%93%87%E7%90%86%E8%AB%96,2014-12-20.

第五章　社会治理创新背景下的社区小商贩治理模式

经营的小商贩进行曝光和惩罚，对诚信经营的小商贩予以奖励和推广，充分发挥自身的道德教化和行业引导功能。

另一方面，根据"利益集团"理论，理性的经济人可以通过个体的无组织行为来实现个人利益；但是，如果仅依靠无组织的个人行为，就难以有效维护共同利益。[①]在自治型管理模式下，小商贩自治组织充分发挥了"利益集团"的功能。通过组织小商贩开展集体行动、建言献策等方式与政府协商对话，进而对立法和公共政策施加影响，使相关的法律、法规和政策能够充分体现小商贩的群体利益；通过发挥小商贩自治组织的协调功能，帮助政府更加全面、准确地掌握小商贩的数量、经营动机与发展规律等信息，并在此基础上进行科学研判，优化制度设计，不断提高公共决策的合理性。

但是，受制于小商贩的群体特征和小商贩自治组织在我国的发展现状，小商贩自治型管理模式也存在一些弊端。首先，作为特殊社会群体，小商贩既具有趋同性的群体特征，其内部也存在明显的差异性；不同行业、不同出身的小商贩可能具有不同的利益诉求，没有任何一个社会自治组织能够准确地代表所有小商贩的利益诉求。因此，政府在多元化治理过程中，不仅要善于与小商贩打交道，也要注意在协商对话中引入不同利益类型的小商贩自治组织，尽可能涵盖绝大部分小商贩群体的利益诉求。其次，由于目前我国的商事登记制度存在立法缺位，导致社区小商贩在经营资格上不具有合法性；而民政部门的社团管理制度长期实行严格的许可制，手续较繁杂，审批周期长，使得小商贩群体顺利成立属于自己的自治组织面临较高的门槛。如果政府不主动提供相应的法律保障、政策支持和激励引导，小商贩自治组织就很难独

[①] 参见"利益集团理论"词条释义，来源于百度百科：http://baike.baidu.com/link?url=ys9f2IEWU5LXa9cCYq8Dmf3nhR-Vwllj7cLbNZE1wdd6rezhFNc0uJy3_onL0kymAXSfrFikBLSRGbW11wc_-K，2014-12-20.

立发展壮大。再次，由于社区小商贩具有较强的流动性和分散性，习惯于独立经营，对组织团队的依附性较弱，不少小商贩既不了解也不愿意加入自治组织。而且成立自治组织需要一定的运营成本，如果不允许小商贩自治组织收取会费，就只能通过政府财政渠道获取经费支持，其结果将造成社会自治组织行政化，出现民间团体官僚化的趋势，使小商贩自治组织丧失自治地位。

（四）市场主导型管理模式

企业是市场经济中最活跃的要素，也是直接参与市场活动、有效配置市场资源的核心角色。将企业纳入小商贩的管理主体范畴，能够敏锐地捕捉市场经济对小商贩管理提出的刚性需求，实现管理成本与产出效益的最优化。2009年出现的全国首家民营小商贩管理公司——浙江省温州市"民民公司"之所以具有标志性意义，在于开创了市场主体参与管理小商贩的先河。此外，我国台湾地区台中市政府也将"摊贩固定集市"大部分的管理工作交给受雇于市政府的私人咨询公司进行，[①]这些都是市场主导型管理模式的具体表现。

随着市场经济面向纵深发展，政府作为公共物品的唯一提供者的地位受到挑战，公共物品的供给渠道出现了多元化趋势，民营化介入公共服务领域的作用日益明显。中共十八届三中全会《全面深化改革若干重大问题的决定》明确提出："推广政府购买服务。凡属事务性管理服务，原则上都要引入竞争机制，向社会购买。"将以"民民公司"为代表的民营企业引入小商贩管理体系，既能充分满足新形势下公共服务多样化、个性化、专业化的时代需求；又能有效发挥企业的市场配置功能，吸引更多的市场主体参与提供公共产品，形成公共服务发展的新趋势。

具体而言，市场主导型管理模式具有如下优点。首先，将市场主体引

---

① 郭宁：《我国城市流动摊贩治理模式研究》，2010年暨南大学硕士学位论文。

第五章　社会治理创新背景下的社区小商贩治理模式

入小商贩管理的全过程，由企业参与提供公共物品，打破了长期以来形成的政府与市场、政府与社会博弈的两元格局，开创了社会治理多元化的制度安排，在政府和小商贩之间架起了一座沟通的桥梁。其次，通过引入市场竞争机制，将社会管理的目标聚焦到效率和效益上，并在利益驱动下不断降低管理成本，使管理流程更具有经济理性。按照"以脚投票"理论，[①]小商贩可以针对不同企业提供服务的偏好进行自由选择，自动实现对公共物品配置的"帕累托最优"[②]，进而提高管理效率。再次，"民民公司"虽然也属于一种小商贩自治模式，但是由于这种以企业为主体的自治模式并不像成立小商贩自治组织（如行业协会）那样复杂，无需经过烦琐的民政登记手续，准入门槛更低，操作起来更加简单易行。

然而，由于市场主导型管理模式在我国仍处于起步初期，相关机制并不健全，培育成熟的管理型企业尚需时日。首先，企业以营利为目标，企业的任何行为都围绕着如何实现利润最大化展开。小商贩和其他市场主体有所不同，属于城市低收入者和社会弱势群体，对小商贩的管理并非单纯的市场营利行为，更具有社会公益性和公共服务性。单纯以公益服务为目标，并不符合企业的营利特征，显然难以充分激活企业的积极性。其次，市场主导型管理模式必须建立在有数量足够多的企业供选择的基础上，否则就会造成垄断和低效率。而目前国内能够担负起管理小商贩重任的企业寥寥无几，要实现充分、自由的市场选择难度颇大。再次，引入企业管理小商贩后，是否意味着政府可以当"甩手掌柜"，不再插手小商贩管理事务？

[①]　"以脚投票"（Foot Voting）是美国经济学家查尔斯·丁波提出的理论，认为经由人民的迁移过程，可以显示出各地公共预算的偏好，实现公共财政的最佳配置。

[②]　"帕累托最优"（Pareto Optimality），是指资源分配的一种理想状态：假定固有的一群人和可分配的资源，从一种分配状态到另一种状态的变化中，在没有使任何人境况变坏的前提下，使得至少一个人变得更好，被称为公平与效率的"理想王国"。

一旦小商贩不履行缴费义务、不在指定区域内经营、不服从管理或有不文明经营行为，或者企业没有提供相应的保障和服务，造成小商贩与企业之间的矛盾冲突，就只能依据合同关系追究违约者的责任，是否意味着政府不能介入？由此可见，为避免监管责任落空，需要进一步明确界定政府、企业和小商贩三者之间的关系，使责任、权利和义务进一步明晰化。

二、彰显基层特色，构建社区小商贩"三位一体"社会治理模式

综上所述，现有的四种小商贩管理模式各具特点，既充分发挥了政府行政管理的优势，又充分体现出地方特色和行业特征，是加强和改进小商贩治理工作的有益探索。与此同时，由于我国长期盛行"一元化"管制思维造成的体制弊端，以及市场体系尚不健全、多元化社会治理格局尚处于培育阶段等多方面原因，造成这四种管理模式都不同程度地存在缺陷，任何一种管理模式都无法单独承担起社会治理创新的重任。

在深入推进社会治理创新、全面建成小康社会的时代背景下，按照中共十八届五中全会提出的创新发展、协调发展、共享发展的理念，政府公共管理的触角延伸将会越来越宽广，从微观环境逐渐转移至宏观领域；而社会治理的视域却逐渐从抽象、朴素、宏观的理论研究转移到具体、鲜活、微观的社会实践。展望2015年，随着改革步入深水区和攻坚区，无论是国务院强调"简政放权"，各级地方政府制定"权力清单""责任清单"和"负面清单"，还是政府开始向社会组织购买公共服务，社区自治制度日臻完善，以及小商贩行会组织逐渐兴起，这些现象都成为社会治理创新走向深入的显著标志。

社区小商贩治理话题虽小，却事关人民群众的切身利益，事关基层社区的繁荣稳定，与提升政府治理水平、健全城市治理体系、增强社区治理能力的目标紧密契合，是"四个全面"战略布局在社会治理创新中的直接

第五章 社会治理创新背景下的社区小商贩治理模式

体现。在计划经济时代,政府习惯于凭借行政命令和强制手段管理小商贩,群众也习惯于服从命令,较少出现激烈的对抗冲突。时至今日,在社会结构发生重大变化、社会分层和群体化趋势日益明显、社会利益冲突不断累积的社会转型期,社区小商贩社会治理工作已经成为当代中国城市治理和社区治理中不同阶层、不同群体之间利益博弈的现实问题,必然会经历从利益表达、利益碰撞、利益冲突,到协商民主、达成共识,再到利益妥协和多元治理的公共选择过程,最终实现"善治"的目标。

(一)社区小商贩"三位一体"社会治理模式的主要内容

在全面深化改革的新时期,社区小商贩社会治理工作应立足基层社会的现实情况,遵循社会治理的一般规律,反映治理现代化的客观要求,总结国内外城市及地区的治理经验,构建一个由政府、社区居委会、小商贩自治组织三大治理主体为核心;以权责明晰、社会协同、公众参与三大领域为内容;以最大程度激发社会活力、最大程度增加和谐因素、最大程度整合社会资源三大任务为目标的"三位一体"社会治理模式。(参见下图5.1)

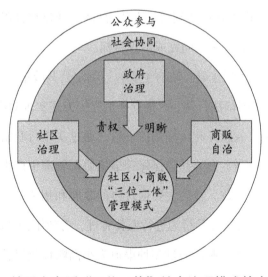

图 5.1 社区小商贩"三位一体"社会治理模式的主要架构

具体而言，社区小商贩"三位一体"社会治理模式具有以下三方面特征。

首先，从治理主体来看，政府、社区居委会和小商贩自治组织都是平等的治理主体，共同在社区小商贩社会治理体系中发挥关键作用。一方面，政府必须充分重视发挥基层社区的自治功能，既要善于做好加法和乘法（提速增效），也要善于做好减法和除法（简政放权），实现社区治理效率的最优化；另一方面，政府必须充分尊重小商贩自治组织的地位，通过开展平等对话，推行协商民主，积极吸纳小商贩自治组织参与社会治理实践。

其次，从治理体系来看，在政府、社区居委会和小商贩自治组织三者之间的关系中，政府是治理体系的核心，既是法律、法规的执行者和公共政策的制定者，也是社会秩序的维护者、利益关系的协调者和社会矛盾的化解者。社区居委会是治理体系的基础，是小商贩治理工作的基层平台和关键领域，通过社区居委会与政府部门协同配合，共同对小商贩日常经营行为进行监督管理。小商贩自治组织是小商贩自我管理、自我监督、自我服务的重要载体，以实现群体利益最大化为目标，通过整合资源、凝聚共识、集体行动，与政府和社区共同完成治理目标。

最后，从治理手段来看，政府主要通过制定公共政策、明确治理目标、出台治理方案、加强依法行政、严格责任追究等方式实现对小商贩的管理；同时，综合运用公共服务和市场调控手段，通过实施行政指导、拓宽就业入口、放松落户限制、完善社会保障等措施协调管理中产生的利益冲突，保障小商贩的合法权益。社区主要通过协同政府和相关社会组织开展治理工作，对小商贩的日常经营行为进行监督管理，有效维护社区秩序；同时，依托社区现有的服务资源，通过多种渠道为小商贩提供经营场所，完善服务保障，帮助小商贩摆脱无照经营困境。小商贩自治组织主要通过广泛发

第五章 社会治理创新背景下的社区小商贩治理模式

动群众、制定行规章程、明确从业标准、规范经营行为等方式实现小商贩群体的自我约束、自我教育和自我管理,并通过与其他治理主体开展协商对话,积极参与公共政策的制定与执行。

(二)社区小商贩"三位一体"社会治理模式的特点

1."三位一体"社会治理模式克服了"一元化"管制思维的弊端

中共十八届五中全会《公报》明确指出:深化行政管理体制改革,进一步转变政府职能,持续推进简政放权、放管结合、优化服务,提高政府效能,激发市场活力和社会创造力。如前所述,"一元化"管制思维具有明显的弊端:过于强调政府有能力解决一切利益冲突、管控所有社会资源,却无法逾越"政府失灵"的障碍;习惯于通过政治动员和行政命令达到管理目的,社会公众只有服从义务而缺少应有权利;"政府之手"越伸越长,导致管理成本居高不下;简单粗暴的管理方式缺乏人文关怀,容易激化社会矛盾。在"一元化"管制思维影响下,政府作为大权在握的单一管理主体,极有可能出现"一言堂"现象,造成公共决策片面化和利益表达极端化,既无法通过协商民主实现合作共治,也无法让所有社会成员在社会治理过程中享有平等参与的机会。

相比之下,社区小商贩"三位一体"社会治理模式充分体现了当代中国社会治理创新的时代特征,从制度设计层面提出了更加符合基层社会特点的治理思路。一方面,将与社区小商贩密切相关的三大治理主体——掌握公共权力资源、制定公共政策的政府;体现广泛参与性、作为基层治理平台的社区;具有发展潜力与活力、代表小商贩集体行动的社会自治组织——共同作为治理体系的支柱,将三大治理主体各自代表的公共资源和利益诉求充分整合到社会治理过程中,使社会治理结构更加趋于平衡和稳定,治理效率更高。另一方面,实现了以政府为代表的权力调控导向和以社区居委会、小商贩自治组织为代表的社会自治导向两种治理方式的有机融合,打破了"一元化"管制思维的禁锢,充分借鉴了政府、市场和社会三大领域丰富的治理经验,使社区小商贩社会治理创新的具体制度和实施路径更趋于民主化、科学化。

2."三位一体"社会治理模式在制度设计上体现出科学性

社会治理是人类重要的社会实践活动,也是改造主观世界和客观世界的能动过程。在这一过程中,人们逐渐归纳出一系列反映社会发展规律的治理理论和治理方法,逐步创建了系统化、规范化的治理体系,并运用到治理实践中去,再通过对治理效果的评价来衡量治理理论和治理方法是否行之有效,从而使治理体系得到丰富与发展。[①] 作为解决公共问题的关键工具,社会治理体系首先需要强调的就是制度设计。通过规范、科学、人性化的制度设计,使社会治理的价值指向、主要内容与基本路径都与公共利益紧密契合。这种契合程度越高,社会治理创新的作用就越突出,制度设计就越具有科学性和前瞻性。

在社区小商贩"三位一体"社会治理模式的制度设计中,特别注重强调多元共治、和谐治理的治理理念。所谓多元共治,是指政府主动退出对公共资源的垄断性控制,通过简政放权、还权于民,让包括公民、基层群众自治组织、小商贩行会等社会主体广泛参与到社会治理中,平等享有话语权,共同分享公共资源,协商制定公共政策,形成社会治理合力。将社区小商贩社会治理体系打造成一台构造精密、运转高效的机器,政府、社区、小商贩自治组织、小商贩及社区居民都成为驱动这台机器稳步运行的齿轮和纽带,使治理更有效率,更富生机。

---

① 杨冠琼、刘雯雯:《公共问题与治理体系——国家治理体系与能力现代化的问题基础》,载《中国行政管理》2014年第1期。

第五章　社会治理创新背景下的社区小商贩治理模式

所谓和谐治理，是指实现政府主导、多方参与、利益平衡、协作共赢的社会治理状态。在法律框架内，实现社会治理的各项事务协调运转、各项职责分工配合、各方主体良性互动，避免出现利益冲突、权责不清、相互掣肘、分崩离析的无序状态。在治理主体上，从政府包揽一切向政府与社会共同治理转变，实现政府治理与社区治理、商贩自治良性互动；在治理方式上，从管控规制向依法治理转变，善于运用法治思维和法治方式化解矛盾冲突，通过科学立法、严明执法、公正司法，使法治成为全社会的共同信仰；在治理手段上，从单一行政手段向多种手段综合运用转变，坚持以人为本，强化道德约束，推行柔性执法，崇尚社会自治；在治理环节上，从"末端控制"向"源头治理"转变，坚持标本兼治，在立法和公共政策中充分整合不同社会群体的利益诉求，使制度设计更趋于理性化。

3. "三位一体"社会治理模式强调各主体分工明确、责权清晰

中共十八届五中全会《公报》明确指出：按照人人参与、人人尽力、人人享有的要求，注重机会公平，保障基本民生，增加公共服务供给，从解决人民最关心最直接最现实的利益问题入手，提高公共服务共建能力和共享水平。在社区小商贩"三位一体"社会治理模式中，强调政府、社区居委会和小商贩自治组织必须扬长避短、守土有责，在治理体系中找到准确定位，明确各自的职能分工，明晰各自的权力、义务与责任，避免政出多门、越位缺位、相互推诿和责任落空。

首先，将政府定位为政策制定者、秩序维护者、服务提供者和利益协调者的角色。改变以往"大包大揽"的粗放型管理模式，遵循"大道至简，有权不可任性"的简政放权思路，更多地从微观的日常事务中抽身出来，主要承担政策制定、目标调整、利益协调、市场服务和监督指导等宏观治

理功能；强调各职能部门之间分工配合、紧密衔接，通过落实"权力清单""责任清单"和"负面清单"，精简审批事项，压缩管理层级，整合基层执法力量；主动团结其他社会力量，充分激活社会自治潜力，积极向民间购买公共产品和公共服务。

其次，将社区居委会定位为小商贩经营活动的监管平台和群众参与治理的基层平台。明确社区居民委员会在小商贩治理体系中的重要地位，发展壮大社区服务中心、社区"疏导点"等社区服务机构，为小商贩提供经营场所，创造良好的经营环境；积极与政府部门沟通，实行社区小商贩工商登记备案制，帮助小商贩解决无照经营难题；制定网格化、精细化、人性化的日常监管措施，规范小商贩的日常经营行为，维护社区秩序；在制定监管措施时注重汇聚民意，开展形式多样的居民自治活动，及时调处治理中产生的基层矛盾。

最后，将小商贩自治组织定位为小商贩自我管理、自我监督、自我约束、自我教育的一支专业力量。社会自治组织是连接公共资源的重要手段，也是体现社会治理水平的重要标志。在治理过程中，小商贩自治组织既是公共产品的提供者，又是公共决策的参与者。应通过完善立法和政策，积极引导、鼓励小商贩自治组织发展壮大。一方面，小商贩自治组织能够及时向政府传递小商贩群体的利益诉求，及时反馈治理效果，充分发挥政府与小商贩之间的桥梁和纽带功能；另一方面，积极开展行业自律，倡导诚信经营，通过建章建制，出台行业规范加强内部约束，为小商贩提供技能培训、就业信息和必要的经营指导，号召小商贩自觉维护市场秩序、主动服从监督管理，及时化解小商贩产生的负面效应。

4. "三位一体"社会治理模式降低了政府管理成本，提高了治理效率

公共管理理论中的"瓦格纳法则"认为：行政成本具有快速增长的特征，

第五章　社会治理创新背景下的社区小商贩治理模式

公共支出规模不断扩大是社会发展的必然趋势。[①] 长期以来，在"一元化"管制思维影响下，各级政府因不科学的决策机制而耗费了大量资源来维持公共产品供给；因不合理的政绩考核机制而加重了基层部门的工作负担；因不够人性化的管制手段而激化了社会矛盾；因不完善的监督制约机制而造成了权力寻租和腐败。上述因素，导致政府管理成本不断增加，政府体制不断膨胀。在社区小商贩"三位一体"社会治理模式中，社会治理工作不再由政府唱"独角戏"，而是通过简政放权、因势利导，将治理目标和具体任务合理地分解到不同的社会主体身上，甚至由政府主动向社会购买公共服务，让更多的社会主体承担对小商贩的管理、监督、指导和服务功能，在全社会范围内形成治理合力。除政府相关职能部门外，社区居委会、小商贩自治组织、社区居民及小商贩自身的力量都被充分激活，灵活运用各自的渠道和社会资源为社会治理贡献力量，极大地降低了行政成本，提高了政府管理效率。

5. "三位一体"社会治理模式缓解了政府与小商贩之间的矛盾

在以往的小商贩治理工作中，由于政府对社会发展缺乏回应性，加上部分基层执法人员素质较低，执法手段缺乏人性化，行政处罚缺少必要监督，导致政府与小商贩之间的矛盾较为突出，野蛮执法、暴力抗法等现象时有发生。不仅使公共政策得不到小商贩群体的普遍认同和遵守，也降低了政府权威，损害了政府公信力。社区小商贩"三位一体"治理模式将"最大程度激发社会活力、最大程度增加和谐因素、最大程度整合社会资源"作为治理目标，一方面通过广泛开展协商民主，健全信息公开制度，依法保障小商贩的知情权、参与权、表达权和监督权，鼓励小商贩依法表达利

[①] 刘晓斌：《浅析我国公共管理中行政成本控制与政府效率提高》，载《企业研究》2012年第10期。

益诉求,提出意见和建议,调动了小商贩参与社会治理的积极性;另一方面,通过优化政府治理环境,创新政府治理手段,从改善执法人员与小商贩的关系入手,摒弃"生、冷、硬"的粗暴执法方式,更加注重对小商贩进行人文关怀和心理疏导,更加贴近小商贩的民生福祉,主动帮助小商贩缓解就业压力,破解无照经营难题,建立平等互信、互利共赢的社会协同关系。

6. "三位一体"社会治理模式有利于提高公众参与水平

在社会治理体系中,公众参与既是一种重要维度,也是一个关键环节。所谓公众参与,是指公民为维护或促进公共利益,通过各种合法途径表达意愿、影响公共活动以及公共政策的社会政治行为。[1]提高公众参与水平,能够有效矫正政府寻租和管制思维产生的负面效应,充分满足不同社会主体的利益诉求,更好地实现社会公平正义。然而,在政府"一元化"管制思维影响下,普遍存在公众参与社会治理有效性不足的问题。具体表现为:一方面,公众参与小商贩治理的渠道不畅通,参与程序既不规范也不具体;公众代表的意见对政府决策缺乏刚性制约,结果不透明。另一方面,公众参与小商贩治理的主体意识能力不足。大多数群众对参与社会治理的意义不甚了解,认为治理小商贩仅仅是政府的工作,抱着"事不关己"的冷漠态度。

在社区小商贩"三位一体"治理模式中,小商贩自治组织、社区工作人员、普通群众及小商贩本身都成为治理体系中不可或缺的重要部分。群众不再对社会治理袖手旁观,而是主动担负起监督、评价、教育和引导任务,形成全社会广泛参与、齐心共治的局面。此外,社区小商贩"三位一体"

---

[1] 陈蔚涛:《公众参与在社会治理中的基础性作用》,载《大连干部学刊》2014年第1期。

第五章 社会治理创新背景下的社区小商贩治理模式

治理模式强调了沟通机制的重要性,构建了以政府为主导,以各种类型的社会自治组织为辅助,以群众监督为补充的社会网络体系,通过提升公众话语权来表达民意、集中民智、激励民心。这既是政府紧密联系群众的纽带,也是提升公众参与水平的重要途径。

第六章　社区小商贩"三位一体"社会治理模式的具体路径

　　按照"三位一体"社会治理模式的总体思路，社区小商贩社会治理创新的具体实施路径应立足基层治理特色，以政府、社区居委会和小商贩自治组织三大主体为核心；以权责明晰、社会协同、公众参与三大领域为主要内容；以最大程度激发社会活力、最大程度增加和谐因素、最大程度整合社会资源为主要目标。在治理体制上，实现各主体之间分工配合、权责明晰，避免政出多门、相互推诿，推行民主决策，强化执法监督。在治理方式上，着力实现"三个转变"：由取缔、制裁为主向服务为主、引导与规范相结合转变；由事后处罚向事先防范转变；由"末端控制"向"源头治理"转变。在治理手段上，健全完善法律制度，在立法中进一步明确小商贩的商主体地位，依法保障其就业权利；创新工商监管和城管执法手段，破解小商贩无照经营难题；合理配置城市资源，为小商贩提供必要的经营场所；积极推进户籍制度改革，完善小商贩社会保障机制；充分发挥社区自治功能，实现社区治理精细化、人本化；积极培育小商贩自治组织，实现自我管理、自我约束；注重宣传引导，加强典型推广，营造良好的社会参与氛围。

第六章 社区小商贩"三位一体"社会治理模式的具体路径

第一节 完善小商贩法律制度，坚持依法开展治理

现阶段，由于改革涉及深层次的社会利益调整，更需要从法律制度上进行顶层设计、统筹规划和综合配套。作为全面推进依法治国方略的重要内容，立法是党的领导、人民当家做主和依法治国的有机统一，汇聚了法治资源、民意诉求和学者智慧，反映了社会治理的客观规律，理应在社会治理创新中发挥更为突出的引领和推动作用。

中共十八届四中全会《全面推进依法治国若干重大问题的决定》指出："依法保障公民权利，加快完善体现权利公平、机会公平、规则公平的法律制度，保障公民人身权、财产权、基本政治权利等各项权利不受侵犯。"同时还强调"健全依法决策机制，将公众参与、专家论证、风险评估、合法性审查、集体讨论决定确定为重大行政决策法定程序"。这不仅为依法保障社区小商贩的就业权利指明了方向，也为从依法决策层面推动社会治理创新找准了突破口。应坚持社会治理创新于法有据，注重通过立法引领社会治理体制机制的改革，不断提高立法的民主性、科学性和前瞻性，准确捕捉社区小商贩治理工作的客观规律，全面反映地方经济社会发展的客观要求，主动贴近小商贩群体和社区居民的民生诉求，为社会治理创新注入强劲动力。

一、通过立法明确小商贩的商主体地位

加强和改进立法工作是建设法治社会的前提和基础。中共十八届四中全会《决定》对我国现行立法体系中存在的问题进行了精辟分析，指出："有的法律法规未能全面反映客观规律和人民意愿，针对性、可操作性不强。"

如前所述，社区小商贩陷入无照经营困境的主要根源在于：小商贩未被我国现行立法纳入商事登记范畴，因而不属于法定的商主体，无法通过申领营业执照获得合法的经营资格。正是由于商主体资格的缺失，导致社区小商贩长期在行政管理和执法中被视为违法者，成为政府围追堵截、封杀遏制的对象。相比之下，国外商事立法一般都承认"小商贩"具有合法的商主体地位，诸如《德国商法典》《日本商法典》《韩国商法》以及我国民国时期的《商人通例》和《商人通例实施细则》等都对"小商贩"的法律地位做出了详尽规定，充分保障其享有合法经营的权利。有鉴于此，加强社区小商贩立法工作的首要任务，就是要适应市场经济发展和社会治理创新的时代要求，弥补我国现行商事立法的缺陷，及时调整立法规则，扩充完善立法内容，将小商贩纳入法定的商主体范畴，使其和普通市场主体一样，真正成为具有独立法律人格、充分享有法定权利、严格承担法定义务的主体。

具体而言，通过立法明确小商贩的商主体地位，目前主要有两种思路。

思路一：将小商贩视为"无名商主体"，由《商法总则》进行规范调整。在大陆法系中，"无名商主体"是指在法定的商主体范畴之外，享有营业权并开展经营活动的民事主体。我国现行立法明确规定的公司、合伙企业等市场主体属于"有名商主体"，其经营活动除受到民法规范调整外，还必须遵守商法中有关商事登记、商事名称、商事账簿等基本规范。而民事主体自由创设法定之外的商主体形态，就属于"无名商主体"，其经营活动主要由《商法总则》进行规范。在西方国家立法普遍承认民事主体营业权的前提下，除基于身份、职务等因素不宜从事商事活动外，任何民事主体均可从事营业活动，无需经过许可登记，只要完成登记备案即可营业，

第六章 社区小商贩"三位一体"社会治理模式的具体路径

成为具有法定营业资格的市场经营者。[①]目前,我国正在抓紧编纂《民法典》。由于我国现行的《民法通则》尚未规定民事主体营业权,将小商贩视为"无名商主体"的立法思路不仅涉及未来《民法典》对民事主体营业权的具体制度设计,以及行政法中有关行政登记制度改革等深层次问题,还涉及"无名商主体"与现行商主体法律制度的有效衔接,以及未来《商法总则》立法规划的不确定性,因此立法改革难度较大。

思路二:将小商贩视为"有名商主体",对现行《个体工商户条例》和《个人独资企业法》进行调整。我国现行法律明确规定:个体工商户和个人独资企业都是法律认可的商主体。因此,可以通过放宽注册登记限制、简化营业执照申请条件等措施,将社区小商贩纳入个体工商户或个人独资企业的范畴,将其身份从"无名商主体"转变为"有名商主体",进而取得合法经营资格。采用这一改革思路与现行立法体系的冲突较小,不涉及重大部门法调整,立法成本相对较低,更加简便易行。按照这一思路,应对我国现行的《个体工商户条例》和《个人独资企业法》进行修改完善,进一步放宽社区小商贩的市场准入口径。首先,按照民事主体资格的取得方式,大幅简化个体工商户、个人独资企业申领营业执照的法定条件,不再将经营资本和固定经营场所作为严格审查条件,逐步放宽营业条件限制。这也是目前绝大部分市场发达国家的通行做法。其次,社区小商贩通过登记制度申领营业执照,主要是为了提高行政管理效率,仅具有备案的程序性意义而并非实质性的市场限制条件。再次,在立法中引入"负面清单"制度,除涉及食品安全、公共卫生、社会治安等关键领域需要严格加强管理外,进一步开放市场领域,让小商贩自由选择经营范围,充分享有自主经营权。

---

① 李建伟:《从小商贩的合法化途径看我国商个人体系的建构》,载《中国政法大学学报》2009年第6期。

最后，立法对社区小商贩的规范调整，应尽量通过民法规范而非商法规范，包括免除验照程序、精简审批事项、减少税费负担等，对现行《个人独资企业登记管理办法》和《个体工商户登记管理办法》等立法的程序性规定进行修改完善，用"登记备案制"取代"实质审查制"，大幅降低行政审批成本，让小商贩更加快捷、更加轻松地申领营业执照，具备法定营业资格。

二、通过立法重点加强对餐饮业小商贩的监督管理

食品安全问题正成为新一轮行政执法体制改革的重点环节。长期以来，餐饮业小商贩的食品安全问题一直是困扰社区小商贩监管工作的难点，也是社会影响较大、问题较突出的领域。以武汉市为例，据武汉市食药监局统计，截至2015年6月全市餐饮服务单位达4.8万家，其中遍布街头巷尾的餐饮业小商贩占70%以上。由于食品区别于普通商品，与人民群众的生命健康权息息相关，而餐饮业小商贩的群体数量庞大，且从事食品生产、加工和销售往往缺乏严格的卫生环境、先进的技术设备和规范的检验标准，因而食品安全问题在社会基层呈现出频发、多发的态势，成为社会关注的焦点。有鉴于此，应通过立法重点加强对餐饮业小商贩的日常监督管理，从源头上遏制食品安全事故发生。

从立法实践来看，食品安全问题已被明确列为十二届全国人大立法规划的重点内容，正逐渐成为地方立法工作的关键领域。自2014年以来，不少新出台的法律、法规、规章都涉及餐饮业小商贩。在国家立法领域，2015年10月1日起施行的新修订《食品安全法》第四章对食品生产经营者的食品安全标准、禁止生产经营的食品以及食品生产经营许可制度做出了明确规定；该法第九章对未经许可从事食品生产经营活动，或者未经许可生产食品添加剂等违法经营行为的法律责任做出了严格规定。从地方立法

第六章 社区小商贩"三位一体"社会治理模式的具体路径

来看,2013年3月,武汉市出台了全国首部"大城管"法规《武汉市城市综合管理条例》,对涉及餐饮业小商贩违法建设、占道经营、临街住宅开设门面、油烟噪声污染等行为的管理做出了明确规定。2014年新修订的《上海市实施〈中华人民共和国食品安全法〉规定》第26条规定:"各级人民政府应当根据实际需要统筹规划、合理布局,建设适合食品生产加工小作坊从事食品生产加工活动的集中食品加工场所。"鼓励食品生产加工小作坊进入集中食品加工场所从事食品生产加工活动,以便集中、规范管理。

通过立法加强对餐饮业小商贩的监督管理,包括以下五方面内容。

首先,在立法宗旨上遵循科学性和实用性相结合的立法原则,制定体系严密、程序严谨、追责严格、制裁严厉的餐饮业小商贩监督管理制度,使其日常经营行为的各个环节都有法可依、有章可循。

其次,在立法过程中贯彻法制统一性原则,打破以往按部门职权立法的分立主义模式,明确新修订的《食品安全法》在食品安全领域的基础性、统领性作用,作为国家食品安全立法体系的核心,确保食品安全政策具有持续性和完整性。

再次,在地方立法中出台监管餐饮业小商贩的专门立法,作为《食品安全法》的细化和延伸。目前全国仅有上海、广东、湖南、辽宁、广州等少数省市专门出台了相关地方法规和规章。按照十八届四中全会有关地方立法权"扩容"的指导思想,过去我国仅有49个城市有地方立法权,而今后我国282个设区的城市都将拥有地方立法权。这些城市应抓住难得的法治机遇,在立法中彰显地方特色,加快地方立法规划、调研和起草工作,充分发挥专门立法针对性强、操作性强的特点。

还有,在条件成熟时,通过整合国家层面已有相关法律、法规,借鉴地方立法经验,出台全国统一的食品小作坊和餐饮业小商贩管理立法,加

社区小商贩社会治理创新研究

强上位法与下位法、同位阶法之间的协调，优化立法技术，避免法律冲突。

最后，加快制定与立法无缝衔接的食品安全国家标准、行业标准和地方标准，从而为餐饮业小商贩提供明确、具体、操作性强的技术规范和经营规则，充分发挥立法的指导功能。

三、通过立法切实维护小商贩的就业权利

中共十八届五中全会《公报》明确指出：坚持共享发展，必须坚持发展为了人民、发展依靠人民、发展成果由人民共享，做出更有效的制度安排，使全体人民在共建共享发展中有更多获得感。如前所述，由于社区小商贩具有"非正式就业"特征，难以充分享有与普通市场主体平等的待遇，无法像普通市民一样广泛参与公共决策，行使对各项公共事务的表达权，导致社区小商贩在社会接纳性上低人一等，甚至遭受不公正的歧视和排斥。2012年印度国会专门通过了《街头小商贩法案》，承认小商贩摆地摊是一种"现实存在"的经济现象，并通过四项举措维护小商贩经营的合法性：首先，《法案》规定每个城市都必须成立"城镇贩卖委员会"，成员由市政委员、城市规划局代表、居民协会组织和小商贩共同组成。其次，《法案》规定所有小商贩都必须向"城镇贩卖委员会"申请营业执照，并选择摊位开展经营活动。再次，为避免小商贩无序扩张，《法案》要求所有市政机构对小商贩开展一次普查，规定小商贩的数量最多可以达到本地人口的2.5%。最后，《法案》强调政府在制定城镇规划时，必须为小商贩预留营业空间，充分考虑到经营场所选址的合理性，使小商贩与市场共存。①

然而，迄今为止我国仍未出台专门促进"非正式就业"的国家立法，

---

① 《外媒：印度通过地摊法案正式承认小贩经济地位》，来源于凤凰网，http://finance.ifeng.com/a/20130929/10780911_0.shtml，2013-09-29。

第六章 社区小商贩"三位一体"社会治理模式的具体路径

只有个别省市制定了少数地方性法规和规章,使得小商贩的就业权利缺乏完善的立法保障。目前,我国与保障就业相关的法律主要有《宪法》《就业促进法》《劳动法》《劳动合同法》《妇女权益保障法》和《残疾人保障法》等,法律条文过于抽象,多为概括性描述,没有针对"非正式就业"中"劳动关系"和"劳动者"的具体范畴进行准确界定,造成立法缺乏可操作性。此外,除了《残疾人保障法》明确规定了残疾人"按比例就业"的制度外,其他法律并没有明确规定促进弱势群体就业的具体措施,导致社区小商贩很难从现行立法中寻求保障就业权利的直接依据。相比之下,我国一些城市的地方立法对"非正式就业"较为重视,上海市早在2003年就出台了《关于规范非正规就业劳动组织管理的若干意见》,并于2006年出台了全国首个促进"非正式就业"的立法——《上海市促进就业若干规定》,明确规定了非正规就业劳动组织的法律地位。在国外,欧盟委员会于1997年专门颁布了《非正式就业制度改革法案》,规定在同一个企业中从事相同或类似岗位,具有相同或类似技能经验的非正式就业者和正式就业者,必须享有平等的劳动报酬,具备相同的工作条件。有鉴于此,我国应加快制定保障社区小商贩等"非正式就业"群体就业权利的立法,通过促进充分就业,维护民生福祉。

首先,按照"重大改革事项于法有据"的立法原则,加快对《劳动法》《劳动合同法》《就业促进法》等法律的修改完善,废除立法中有关限制"非正式就业"、容易引发就业歧视的条款,优化调整社会就业格局,积极探索有益于推动"非正式就业"的各项改革措施。在就业较为发达、劳动力较为密集的地区,地方立法可以先行先试,积累经验,为国家统一立法奠定基础。

其次,借鉴外国立法经验,在国家层面出台专门的《非正式就业促进

社区小商贩社会治理创新研究

法》，明确规定"非正式就业"的适用范围、"非正式就业"劳动者的基本权利和义务，综合运用财政、税收等杠杆，鼓励"非正式就业"发展壮大。

最后，当条件成熟时，修改完善《宪法》，在有关公民劳动权的条款中明确"非正式就业"的地位，肯定"非正式就业"对推动经济社会发展的积极作用。通过立法充分保障社区小商贩的就业权利，使其和普通劳动者一样受到社会尊重，能够更加体面地劳动，广泛参与社会治理实践，依法享有权利、依法履行义务、依法承担责任。

第二节 创新政府治理机制，提升公共服务水平

一、政府出面统筹协调，上下联动综合治理

加强和改进社会治理工作，坚持系统治理、源头治理，必须加强党委领导，发挥政府主导作用，实现政府治理和社会自我调节、居民自治良性互动。社区小商贩治理属于城市治理领域的"小话题"和社会治理体系中的"微课题"，与地方政府的治理能力和治理水平紧密相连。随着城市化进程日益加快，经济社会发展对体制机制、市场秩序等"软环境"的依赖程度越来越高，企业、社会组织和公民对政府提供的社会保障、劳动就业、医疗卫生、质量安全等公共产品的需求也越来越高，这些新变化直接推动政府职能从以经济建设为中心，向服务型政府转变。在政府职能转变的进程中，无论是精简审批事项、实行"大部制"改革，还是提升公共服务水平、打造透明政府，都离不开政府内部各职能部门之间分工协作和权力资源的优化配置。仅仅依靠工商、城管等少数几个"强力部门"的力量，难以充分发挥公共行政资源的整合功能，反而容易造成政出多门、职权交叉、

第六章 社区小商贩"三位一体"社会治理模式的具体路径

多头执法和责任落空。在小商贩治理实践中,从"武汉经验""广州经验"和"北京经验"来看,由政府出面统筹协调,实行上下联动、分工配合是行之有效的治理方式。

(一)科学规划,设计"三位一体"社会治理模式的整体框架

中共十八届五中全会《公报》明确指出:进一步转变政府职能,持续推进简政放权、放管结合、优化服务,提高政府效能,激发市场活力和社会创造力。实现社会治理创新,首先需要在政府和社会各方力量之间达成共识,否则将得不到群众支持,失去治理活力。社区小商贩治理工作涉及多方治理主体,形形色色的利益诉求冲突叠加,各类社会关系复杂交错,政府相关各职能部门、街道办事处、社区居委会、小商贩自治组织和小商贩自身都有不同看法。为实现多元共治的社会治理目标,政府应充分发挥资源整合者和利益协调者的功能,加强顶层设计,统筹规划"三位一体"社会治理模式的整体框架。

首先,政府应广开言路,积极听取各方面社会意见和建议,通过聘请"布衣参事"、举办听证会、开设"电视问政"、搭建网络互动平台等方式,对政府、社区和小商贩自治组织各自承担的治理功能、治理目标、权责分工、实施方案、保障措施等细节问题进行广泛的社会协商,并在全社会达成共识的基础上,再进行公共决策。

其次,对于地方政府而言,由市、区(县)两级政府出面,制定社区小商贩"三位一体"社会治理模式的指导性文件,对"三位一体"社会治理模式的重要意义、整体框架、主要内容和运行机制进行方案设计,重点明确各方治理主体的权责分工与衔接配合,细化实施步骤,让相关职能部门、社区居委会和小商贩自治组织消除顾虑,克服畏难情绪,化被动为主动,积极投身小商贩的治理工作。

最后,加强社区小商贩治理的地方法制调研论证工作。在时机成熟时,借鉴广州市治理小商贩的经验,将社区小商贩治理纳入政府制定行政规章的统一立法规划,将现有的小商贩治理政策上升为立法,通过立法引领各项改革措施,实现依法行政与依法治理相结合,进一步增强小商贩治理工作的法制化、权威化。

(二)统一领导,实现各职能部门分工配合

随着政府担负的行政管理任务日益复杂,上层建筑内部各主体之间的职权交叉更加频繁,不同职能部门之间的权力边界更加模糊化,使得行政权力的优化配置与公共行政资源的集中整合成为必然趋势。治理社区小商贩是一项复杂的系统工程,涉及工商、城管、就业社保、卫生、质监、食药监、公安、农业、民政、民宗、文化等政府管理体系内部的多个职能部门,涵盖政府治理体系的方方面面。只有在政府统一领导、宏观布局和整体推动下,各职能部门分工配合、各负其责、协同攻关、凝聚合力,才能扎实推进社区小商贩治理工作走向深入。以武汉市开展社区"一照式"备案管理为例,尽管小商贩治理工作最初由工商部门牵头,但仅凭工商部门一家根本无法实现治理"全覆盖"目标,必须由市、区一级政府出面整体推动、统筹兼顾方能奏效。改革试点工作正是首先得到了武汉市硚口区政府的支持,由区政府出面对城管、社保、财政、卫生等部门进行统筹协调,各职能部门才会迅速打消顾虑,不再推诿争利,积极投入到治理工作中,圆满完成治理目标。因此,地方政府要"管好""管活"社区小商贩,实现治理效率最优化,就必须从"保民生、扩就业、维稳定、促和谐"的高度重视社区小商贩治理工作,实现市区(县)两级上下联动、各部门左右互动,通过出台规章制度、明确责任分工、划分权力边界、细化监管措施等手段,建立健全社区小商贩治理长效机制。

第六章 社区小商贩"三位一体"社会治理模式的具体路径

需要特别指出的是,自 2015 年启动新一轮行政执法体制改革以来,政府基层执法工作正面临重大变革。一个明显趋势就是整合基层执法资源、实现跨部门联合执法。例如,自 2015 年 1 月开始,不少城市将多个市场执法部门如工商、质监、食药监和物价等单位进行整合,成立"市场监督管理局"(如深圳市、上海浦东新区)或"市场管理局"(如武汉市),统一行使市场执法职权,这也是政府统筹协调、开展综合治理的具体表现。上海浦东新区在全国率先进行试点,将工商、质监、食药监部门"三合一"整合为"浦东市场监督管理局",覆盖生产、流通、消费全过程监管,破除以往"各扫门前雪"的分段式监管弊端,使 86% 的监管人员下沉到一线从事行政执法,成效显著。武汉市则计划将各城区的工商、物价、质监、食药监等四个执法部门整合为"市场管理局"。有鉴于此,为提高政府治理效率,建议首先由市、区(县)一级政府对社区小商贩治理进行方案设计,从政府体系内部对治理工作进行统筹协调,充分整合各个领域内的行政资源,真正实现服务全覆盖、监管无死角。

(三)出台政策,积极鼓励小商贩自主创业

中共十八届五中全会《公报》提出:优化劳动力、资本、土地、技术、管理等要素配置,激发创新创业活力,推动大众创业、万众创新。这一指导思想为积极鼓励小商贩自主创业、扩大就业入口、降低就业门槛指明了方向。

首先,制定扶持社区小商贩创业的金融政策。在社区小商贩群体中,下岗职工、外来流动人口占大多数。他们收入较低,很难有多余资金投入到持续性生产和经营中,使其经营范围始终停留在小餐饮、小商品零售和基本生活服务上,难以扩大经营规模。由于社区小商贩的资本集中度偏低,所需中转资金缺口较小,且大多数小商贩都没有可供抵押的资产,并且缺少信用担保,造成绝大多数银行金融机构都不愿意为其提供创业所需的小额贷款。因此,政府应主动加强与银行金融机构的沟通协调,积极帮助小商贩拓宽融资渠道。一方面,通过设立"专项就业基金"支持小商贩创业。早在2003年,上海市就规定非正规劳动组织遇到资金周转困难,可以向"上海市促进就业基金"申请创业贷款担保,最高贷款额度为50万元,期限为3年,能够有效缓解小商贩创业融资难问题。另一方面,鼓励银行、民间信贷公司面向小商贩提供小额贷款。所谓小额贷款,是指以个人或家庭为主的经营类贷款,具有成本低、灵活便捷的特点。通过扩大信贷抵押担保物的范围,规范小额贷款市场有序运行,为社区小商贩积极搭建创业融资平台,降低创业成本。

其次,主动为社区小商贩提供就业技能培训和就业信息。由于社区小商贩的文化程度不高,劳动技能单一,缺乏接受职业技能培训的机会,大多只能从事简单的经营服务,很难向正式就业部门转型。因此,政府应充分发挥公共服务功能,主动帮助小商贩增强就业能力,提升就业素质。一是加大就业技能培训投入,结合地方经济发展现状,定期为小商贩提供基本职业技能培训,所需经费由政府财政负担。二是完善职业培训机制。充分发挥劳动就业保障部门和社会培训机构两方面的优势,规范职业培训市场,整合民间培训资源,加强对社会培训机构的指导,通过提供培训费用补贴、免费发放培训教材、提高师资水平等方式,为小商贩营造良好的职业培训氛围。三是加强创业观念教育。由于文化水平较低,社区小商贩往往对创业流程、择业选择、经营管理、成本核算等方面知之甚少,造成了就业的盲目性和经营的低效率。因此,政府应积极帮助小商贩开展职业规划,积极转变择业观念,增强市场适应能力。四是利用现代信息技术建立畅通的就业信息服务网络,及时、准确地对市场就业信息进行收集整理并

第六章　社区小商贩"三位一体"社会治理模式的具体路径

面向社会发布,让社区小商贩充分享有知情权,避免就业信息不对称。

最后,灵活运用保险政策和价格杠杆,为小商贩创业提供便利。支持商业保险机构开发针对社区小商贩的保险产品,优惠提供人身意外伤害保险、产品责任险等险种,帮助社区小商贩规避经营风险。不断完善市场价格调控政策,在一些重要的民生物价领域向社区小商贩提供便利,使社区小商贩的日常经营活动与居民家庭用电、用水、用气、用热同价,进一步降低小商贩的经营成本。

（四）因地制宜,立足城市规模提出具体管理方案

一方面,对于中、小规模的城市而言,运用"两分法"管理小商贩较为有效。所谓"两分法",是指分时段、分区域管理小商贩。"两分法"将城市空间划分为严禁摆卖、适度监管、自由经营等治理重点层次分明的管理区域。在经营时间上,充分考虑到各管理区域内的交通状况和季节时令因素,明确规定允许经营和禁止经营的时段,例如将夏季经营时间规定为早上6点至9点、下午6点至晚上9点,冬季经营时间则相应调整。这样既不会妨碍上下班高峰期的交通秩序,又不会在休息时间扰民,更满足了群众日常消费需要,彰显灵活机动性。例如,浙江省湖州市德清县将114条街路划分为"严管街、严控街、规范街"3个层次实施分区管理,其中在21条"严控街"和85条"规范街"总共设置了123个摊位实行定时定点经营。广东省惠州市将惠城区划分成"核心圈、重点圈、郊外圈"等3个管理圈;将"核心圈"再细分成"严禁区、严管区、监管区"三类地段,实行划区管辖、区别对待。其中"严禁区"坚决禁止乱摆卖;"严管区"则根据具体情况,在不影响交通、不影响市民正常生活、不影响市容环境的前提下,定时间、定地点允许小商贩有序经营,帮助其解决生计问题;"监管区"内有近200条内街小巷,政府设置了大量临时蔬菜、水

果贩卖点,主动为小商贩提供临时经营场所。"两分法"不仅有利于政府部门灵活机动地执法,也有利于小商贩自觉遵守,形成良好的经营习惯。

另一方面,对于大型和特大型城市而言,适宜建立小商贩中心或大型集贸市场,引导小商贩进驻经营。武汉、广州、北京这样的特大型城市人口均在千万以上,消费需求旺盛,且小商贩数量众多,运用"两分法"进行分散式管理,无疑会大大增加基层监管压力。此时应借鉴厦门、深圳、新加坡等地经验,在大型社区、商务区和旅游景点等人流密集区域,由政府出面专门设立小商贩集中经营场所(如摊贩中心、大型集贸市场或小商贩疏导点、特色市场等),引导小商贩入室经营,集中统一管理。在对集中经营场所进行规划设计时,应严格执行国家有关市区人口在2.5万以上必须配置一个集贸市场的规定,根据地理位置、人口密度、服务对象和覆盖范围等因素提前做好研判,科学合理地规划布局。集中经营场所内应具备完善的服务配套设施,配备专职工作人员,负责集中经营场所内小商贩的登记注册、市场服务及档案管理,并建立规范的市场准入、退出和考核机制,维护集中经营场所内的治安、卫生和消防安全,营造良好的经营环境。

二、创新工商监管机制,破解无照经营难题

工商部门作为市场经济的"裁判员"和"看门人",在社区小商贩治理体系中发挥的重要作用毋庸置疑。在新形势下,创新工商监管机制既是提升政府治理水平的重要环节,也是完善市场体系的应有之意。所谓创新工商监管机制,是指各级工商部门为了全面、高效地完成市场监管和执法任务,对现行的工商监管工作机制进行调整、优化和完善,以适应市场经济发展和政府体制改革的需要。

工商监管机制之所以需要创新,原因在于以往的工商监管模式片面强

第六章 社区小商贩"三位一体"社会治理模式的具体路径

调政府对市场经济的宏观管理,忽略了企业、个体经营者和非政府组织等不同类型市场主体之间的利益平衡;既没有体现以人为本、保障民生的服务型政府理念,也没有针对市场体制改革进入结构调整期后面临的新挑战寻求对策;既没有充分保障小商贩等社会弱势群体的就业权利,也没有实现社会治理工作目标与工商行政管理资源承载力之间的有机契合。面对新形势,工商部门迫切需要创新监管理念、优化监管模式、调整监管手段。在监管理念上,从管制思维回归到服务本位,将服务重点聚焦到最需要帮助的社区小商贩等社会弱势群体;在监管模式上,从对无照经营行为严取缔、严制裁的旧监管模式转变为疏导结合的新监管模式;在监管手段上,注重将小商贩的无照经营行为引导转化为合法经营行为,实行柔性执法,彰显人文关怀,真正为社区小商贩办实事、谋实惠。

2008年国家工商总局提出的"三定"方案中,将工商部门的主要监管职责列举为13项,即注册登记、市场监管、网络监管、合同监管、商标监管、广告监管、经纪监管、流通领域商品质量和食品安全监管、经检办案、消费维权、信用分类管理、个私监管服务、"打传规直"等,其中大部分职责都与社区小商贩监管工作相关。从最新的立法动态来看,2014年新修订的《个体工商户条例》已经施行,大幅放宽了个体工商户的经营范围,取消了对从业人数的限制及申请者的身份限制。在新的立法精神指引下,各级工商部门应及时更新工作思路,认真研究解决出现的新问题、新矛盾,通过对社区小商贩依法监管、科学引导、鼓励扶持和依法保障来促进个体私营经济发展,缓解城市就业压力,保障弱势群体民生诉求。

(一)工商监管思路从"末端控制"向"源头治理"转变

更加注重从源头上规范市场秩序,化解社会矛盾,消除违法隐患,实现"登记零差错、监管零事故、执法零过错、调解零距离"的"四零"监管目标。一方面，对严重危害人民群众生命财产和公共安全的违法经营行为，必须坚持执法必严、违法必究，结合国家有关深入开展打击非法违法生产经营行为专项行动的要求，将社区小商贩无照经营行为纳入社会治安综合治理目标考核，组织开展重点时间、重点地段、重点行业的专项执法行动，认真分析无照经营户的具体情况，对能够规范引导的无照经营户积极施以援手，帮助其摆脱困境。对屡教不改、顶风违法且造成恶劣影响的非法经营者依法采取措施，坚决予以取缔。另一方面，将备案经营、持照经营和引导规范无照经营与查处无照经营、分类治理工作相结合，推动社区小商贩备案管理工作走向制度化、常态化。坚持引导为主、区别对待的原则，对社区小商贩在备案经营中首次违反法律、法规，未造成严重后果的，教育帮助其纠正违法行为。通过日常巡查走访，将突击式的执法整治转变为日常管理工作，进一步理顺部门协作关系，不断改进工作方法。准确掌握社区小商贩日常经营活动的基本情况，主动帮助其解决实际困难，及时调处各类消费矛盾纠纷，倡导诚信经营意识，形成"包容性发展"的新态势。

（二）以社区"一照式"备案管理为基础，放宽市场准入机制

2014年新修订的《个体工商户条例》明确规定：无固定经营场所摊贩的管理办法由省、自治区、直辖市政府根据当地实际情况制定。根据这一条款，地方政府享有对社区小商贩工商监管方案的制定权，充分发挥了地方因地制宜的主动性和灵活性。目前，全国各地由工商部门主导推动的小商贩治理模式主要有三类：一是以湖北省武汉市，江苏省苏州市、泰州市为代表的"武汉模式"，主要做法是：依托基层社区，工商部门为每个"社区服务中心"颁发一个营业执照，将小商贩挂靠社区服务中心进行统一备案管理，帮助其间接获得市场经营资格。二是以吉林省、山东省菏泽市为代表的"吉林模式"，主要做法是：在工商登记注册环节，对涉及部分民

第六章 社区小商贩"三位一体"社会治理模式的具体路径

生领域的小商贩直接豁免登记,消除市场准入门槛。三是以湖南省、广东省、重庆市、山东省青岛市、山东省临沂市等地为代表的"湖南模式",主要做法是:在食品生产加工及销售环节,颁发经营许可证并放松登记条件、简化登记流程。从以上三种模式来看,"吉林模式"直接豁免了部分小商贩的工商登记,改革力度虽大,却将那些不具备豁免工商登记资格的小商贩排斥在外,显得有失公平。"湖南模式"放松登记条件的对象仅限于从事食品生产加工及销售的小商贩,政策受惠面较为狭窄。相比之下,"武汉模式"既没有与现行法律法规相冲突,也没有针对不同类型的小商贩实行区别对待,而是一视同仁,给予所有社区小商贩平等的市场待遇;同时,充分利用现有的"社区服务中心"平台,由"社区服务中心"统一管理辖区内的小商贩,实现了基层治理资源的充分整合。因此,"武汉模式"所代表的社区"一照式"备案管理模式更符合当前我国基层工商监管工作的现实情况,其治理经验值得进一步总结、推广。

以"一照式"备案管理为基础,创新工商监管机制,应从以下几方面着手。

一是出台"负面清单",放宽工商登记条件。为个体私营经济发展营造良好环境,从政策层面进一步降低市场准入门槛,放松工商登记条件,精简行政审批流程,为创业者充分行使自主经营权"降压""解绑"。按照 2015 年国家工商总局提出的工商体制改革总体思路,各级工商部门应结合市场经济发展现状,不断深化行政权力和政务服务事项清理规范工作,探索建立"权力清单""责任清单"与"负面清单"相互配套、互为支撑的"三单联动"行政权力运行机制,尽快出台"负面清单"并面向社会发布。"负面清单"应遵循"非禁即入"的原则,除国家法律、法规明确禁止的行业领域外,全部面向创业者开放;允许小商贩在法律规定的范围内自由开展经营活动、自主选择经营范围,且经营范围允许跨越多个行业;创新工商登记制度,按照国民经济行业分类的中、大类或新兴行业核定经营范围,对符合条件的小商贩核发营业执照;不断拓宽社区服务登记条件,鼓励扶持"社区服务中心"办理工商登记,进行自助服务。

二是注重沟通协调,争取其他部门支持。积极开展法律普及、政策解读和宣传推介工作,重点宣传社区"一照式"备案管理的必要性,消除城管、卫生、民政、社保、公安、环保、食药监、质监等部门的顾虑,让各职能部门充分了解"一照式"备案管理在提高管理效率、化解监管风险上的优势,争取卫生、食药监、质监等前置许可部门的支持。通过开展访谈、定期交换意见、举办联席会议、成立工作专班等方式,引导各职能部门将监管力量投入到社区基层治理一线,使挂靠社区服务中心的小商贩营业范围逐步扩大,满足多样化的市场经营需求。通过定期开展多部门联合执法检查活动,切实维护消费者权益,优化社区市场环境,针对某些监管"死角"和治理效果不理想的社区,集中力量进行专项整治。

三是推进社区"一照式"备案工作常态化。以基层工商监管"零距离"为目标,增强主动服务意识,加强与社区居委会的沟通,实现基层工商所与社区服务中心紧密互动,积极帮助、指导社区服务中心开展工作,对备案经营户进行日常监管、行政指导和消费维权服务。及时掌握社区服务中心运行中存在的实际困难,一旦发现属于工商职责范围内的问题马上予以解决;涉及其他部门职责的问题要积极协调并尽快帮助解决;需政府出面的问题及时反映,争取上级支持,真正为社区小商贩和群众排忧解难,将基层工商所打造成推动就业、促进民生的服务平台。在推进"一照式"备案工作中,把握好先易后难、循序渐进的原则,实现社区"一照式"备案数量与质量同步增长。对于条件成熟的备案经营户,由社区备案经营直接

第六章 社区小商贩"三位一体"社会治理模式的具体路径

转办营业执照,实现市场主体数量平稳增长。

四是规范操作程序,减少信息统计误差。对社区小商贩的相关数据进行准确统计,不仅能为工商部门的监管工作提供直接依据,而且是政府制定公共政策的重要前提。基层工商部门应认真完成社区小商贩信息的收集、整理和录入工作,专门组织基层工商所操作人员进行社区备案户录入业务培训,以提高基层工商队伍专业化水平和操作技能。对已备案的社区经营点要及时录入经济户口,每个指标项必须认真录入,不断完善数据库建制,确保数据质量无误差。定期召开社区小商贩治理工作调度会,使信息通报工作制度化。

三、优化城管执法手段,以人为本宽严相济

如果说工商部门是维护市场秩序的"看门人",那么城管部门则是维护城市秩序的"清洁工"。城管部门的执法工作不仅与社区小商贩的日常活动密切相关,更与整个城市发展的"软环境"紧密相连,是衡量城市治理水平的重要标尺。长期以来,由于"处罚为主、以罚代管"的管制思维盛行,导致城管部门习惯于采用运动式、整风式、命令式的管理手段,"日常工作突击做,突击工作经常做",对社区小商贩的管制措施过于严厉,执法手段机械化,执法方式简单粗暴,甚至出现个别城管执法人员以权谋私、"以罚没养执法"的现象,不仅激化了执法者与小商贩之间的矛盾,也对社会公众产生了消极影响。为克服这一弊端,城管部门应以推进城市治理现代化为目标,牢固树立以人为本的执法理念,奉行"宽严相济"的执法思路。通过优化城管执法手段、健全城管工作机制,不仅有利于缓解城管部门与小商贩群体的关系,还有利于提高执法效率,促进公平、公正、公开执法,不断增强城市治理能力,提升政府公信力。

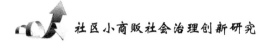

（一）正确把握执法尺度，实现"宽严相济"的执法效果

"宽严相济"一词最早作为我国的刑事司法政策提出，[①] 在社会治理创新领域，对执法部门同样具有指导意义。所谓"宽严相济"，是指社会治理要根据具体情况，实行区别对待，做到该宽则宽，当严则严，宽严相济，罚当其罪，打击和孤立极少数，教育、感化和挽救大多数，最大程度地减少社会对立面，促进社会和谐稳定。"宽"与"严"的关系，从表面来看是执法尺度的问题；从本质而言是柔性执法与刚性约束的关系；从治理理念上分析，则是服务与管理的关系。在社区小商贩治理过程中，城管部门的日常执法工作必须正确把握"宽"与"严"的关系，实现"宽严相济"的执法效果，维护执法的公正权威。

一方面，应严格规范刚性执法手段。所谓刚性，是指法律规范所特有的强制执行效力和普遍的约束性，能够对违法行为产生制裁效果。作为城市管理中最主要的执法者，城管部门承担各项职能的直接依据就是法律。"有法必依、执法必严、违法必究"不仅是依法行政的基本要求，也是城管部门履行自身职能的首要原则。由于社区小商贩的就业属性具有非正式性特征，不像公司、企业和个体工商户那样具备相对较完善的法律规范体系，导致小商贩在利益驱动下，容易逃避市场主体应当承担的社会义务，如诚实经营、签订合同、依法纳税、售后服务等，造成小商贩的负面影响始终挥之不去，占道经营、随地摆卖、乱搭乱建、污染环境等违法违规现象屡见不鲜。为避免小商贩对社会造成的负面影响扩大化，维护正常的城市秩序，推动城市治理现代化，必须严格执行国家和地方制定的相关法律法规，从严打击惩处违法行为，捍卫法律的权威与尊严。

---

① 参见《最高人民法院关于贯彻宽严相济刑事政策的若干意见》（法发〔2010〕9号）。

第六章　社区小商贩"三位一体"社会治理模式的具体路径

首先，严格设置刚性执法手段。现阶段，各地城管部门执法的主要依据包括治安管理、城市规划管理、道路交通秩序管理、公用事业管理、市政设施管理、园林绿化管理、城市水暖供应管理7大类法律、法规、规章和规范性文件，其中既涉及国家立法，更多的属于地方立法范畴。由于刚性执法手段涉及对公民权利的限制和剥夺，为避免执法手段被滥用，依照行政法的"行政合理性原则"，在国家立法和地方立法中严格设置行政审批、行政强制、行政处罚、行政征收等刚性执法事项，严禁围攻殴打、语言侮辱、掀摊摔椅、无故没收货物和拒不开具罚款单等行为。其次，合理运用刚性执法手段。为保护群众的合法权益，在执法中应当选择对当事人权益损害程度最低的方式，且对当事人造成的损害利益不得超过所保护的法定利益。最后，严格规范刚性执法手段的具体程序。在执法中严格贯彻落实法定的回避、公开、听证、告知、证据等程序规则，对执法程序进行全方位监督制约，避免执法越位、缺位和错位。

另一方面，应充分重视柔性管理手段。所谓柔性，是指在管理和执法过程中实行非制裁性、非强制性的方式，通过帮助、引导、教化等手段，让被管理者或执法对象接受，从而达到执法效果。缺乏柔性执法手段和人文关怀，是当前基层城管执法工作中普遍存在的问题，使得城管执法人员长期被贴上"生冷硬"的标签。可喜的是，在服务型政府理念指引下，各地城管部门已经开始高度重视柔性执法手段，诸如"举牌执法""劝说执法""眼神执法""微笑执法"等柔性执法案例在社区小商贩治理实践中频频出现，通过城管执法人员充满爱心的标语、耐心细致的规劝、微笑温和的教育，劝导不遵守城市管理秩序的小商贩主动停止违法行为，将人性化理念渗透到执法过程的方方面面。在济南、武汉等地甚至还出现了被处罚的小商贩向城管队员下跪求情，而城管队员同样下跪请求理解支持的"下跪执法"现象。① 尽管社会舆论对这一现象众说纷纭,却充分体现出城管部门执法风格的重大转变。从以人为本、尊重人权的角度而言,具有一定积极意义。

首先,对小商贩开展耐心细致的行政指导。通过劝告、提示、建议等非强制性方式,帮助小商贩树立遵守秩序、服从公共利益的守法意识。例如,城管部门可以通过编制城区道路禁止摆摊区域目录、季节性商品经营网点指南(如济南市编制的"西瓜地图")等方式,帮助小商贩趋利避害,在不破坏城市秩序的同时提高经营效益。其次,向小商贩提供一定的行政资助。通过出台减免行政收费等方面的优惠措施,帮助小商贩降低从业成本,减轻小商贩负担。再次,通过契约方式管理小商贩。条件成熟时,城管部门可以与小商贩签订行政合同,明确其在日常经营、道路交通、卫生保洁等方面的义务和责任,强化小商贩的守法履约意识。最后,加强对小商贩的行政教示。《行政处罚法》第5条规定了"处罚与教育相结合"的原则,意味着城管部门既要依法执法,又必须教育执法对象遵法、守法。通过实施行政教示制度,加大普法宣讲和政策宣传力度,及时对小商贩占道经营、乱搭乱建等违法行为进行说服劝阻,督促其主动认识错误,避免违法现象再次发生。

(二)推行执法分级管理,改革城管综合执法体制

分散管理的执法体制容易造成"乱收费、乱处罚、乱摊派"等问题。为克服这一弊端,《行政处罚法》专门规定了"相对集中行使行政处罚权"制度。在得到法律授权后,一个执法部门就能够行使其他相关部门的行政处罚权,城管综合执法体制因此应运而生。近年来,从沈阳、西安、湘潭

---

① 吴坚:《城管下跪执法胜过暴力执法》,来源于荆楚网:http://focus.cnhubei.com/original/201304/t2538176.shtml,2013-04-15

第六章 社区小商贩"三位一体"社会治理模式的具体路径

等地城管综合执法体制改革的进展来看,针对社区小商贩实行执法分级管理制度,能够有效解决目前城管执法权力受限、执法依据欠缺、执法手段不足等问题,大幅提高执法效率。所谓执法分级管理,是指按照"分级管理、市级统筹、指挥下沉"的思路,对城市各级城管部门的职权进行划分。其中,市级城管部门主要负责全市的城市管理行政执法工作的指导、协调、监督、考核和重大执法、跨区执法的指挥,负责拆违、园林等专业执法工作;市级城管部门将区级城管执法分局的工作指挥权下放到各区(县)政府,由区(县)政府负责指挥辖区内的综合执法工作,设立相应的管理机构,组建专业队伍,配备专职工作人员,保障工作经费,构建"两级政府、三级管理、四级网络"的城市执法体系。

(三)健全执法协调机制,整合资源形成执法合力

从性质上而言,城管执法只是城市治理体系中的一个领域,需要与行政许可、行政处罚、行政强制等其他行政权力密切配合,才能顺利完成执法任务。[①] 然而,目前的城管综合执法体制仅仅只是将各职能部门分散行使的行政处罚权集中行使,而行政强制、行政审批等关键权力事项仍然被相关职能部门保留,这就需要城管部门在执法过程中加强与其他职能部门的沟通协调,整合执法资源,形成执法合力。

一是搭建执法信息共享平台。在实施行政处罚前,各职能部门将与城管执法有关的行政许可事项和监管信息告知城管部门,便于城管部门监督检查;城管部门也将通报实施行政处罚的具体情况,便于相关部门及时处置,确保执法过程具有连续性,不会因为部门之间的信息壁垒而中断。

二是健全案件移送制度。目前,在城市管理领域存在多个具有处罚权

---

① 莫于川:《从城市管理走向城市治理:完善城管综合执法体制的路径选择》,载《哈尔滨工业大学学报(社会科学版)》2013年第6期。

的行政主体，例如工商部门有权查处小商贩的无照经营行为；农业部门有权查处小商贩销售未经登记的肥料产品；食药监部门有权查处餐饮业小商贩的违法行为等。为强化执法主体之间的衔接配合，避免执法责任落空，当一个执法主体发现属于其他执法主体管辖的违法案件时，应及时将案件移送至有权主体。

三是完善执法协助制度。城管执法并非孤立的具体行政行为，必须得到相关职能部门的通力配合，才能顺利实现执法目标。例如，在认定小商贩的违法情节时，城管部门必须向农业、质监、食药监等部门寻求技术检测、勘验等方面的协助；当城管执法工作遭遇暴力抗法时，还必须请求公安机关出面维持秩序，避免危害结果扩大。

（四）科学制定执法标准，压缩执法弹性空间

中共十八届四中全会《决定》提出建立"行政执法裁量基准"制度，对行政执法标准化建设提出了明确要求。所谓执法标准化，是指用科学、严谨的程序规范每一个行政执法环节，制定精细化的自由裁量基准框架，压缩执法权的"弹性空间"，避免执法越位、缺位、错位和权力寻租。2008年，西安市莲湖区城管执法局最早提出在城管执法中引入标准化建设，制定了《城管执法行政处罚自由裁量权细化标准》，对城管工作中常见的72类违法行为进行归类，按照违法性质、发生频率、时间地点及危害程度，在法定裁量范围分解成四个档次，并制成表格，让执法者一目了然。①

城管执法标准化建设的具体内容包括三个方面。一是日常职能标准化。对与城管工作相关的各项法律、法规、规章以及规范性文件进行全面清理，建立法律信息数据库，对城管部门的法定职权、具体名称及范畴逐一进行

---

① 杨彦：《西安"标准化执法"试破城管困局》，载《人民日报》2009年11月24日第10版。

第六章 社区小商贩"三位一体"社会治理模式的具体路径

清理确认。二是执法流程标准化。面向基层执法部门编制《执法工作指南》,对不同类型违法案件的具体表现、执法依据、执法单位和责任人进行详细编码,对执法程序、执法内容、执法时限、注意事项等事项逐一进行规范。三是执法裁量标准化。根据社区小商贩经营活动的实际情况,将行政许可、行政处罚涉及自由裁量权的运用范围、行使条件、裁决幅度、实施种类及时限等,在法定范围内进行细化和分解,在此基础上制定"权力清单",并面向社会公开。

(五)完善执法监督机制,严格落实责任追究

一是构建严密的内部监督体系。首先,实行基层城管部门党政领导共同负责制,做到共同审核把关,尤其是对重要执法案件的审批,党政主要领导必须共同审批签认,防止暗箱操作和违法行政发生;在主官配备上应做到职务平衡,防止党政领导"一肩挑"。其次,建立案前教育、案中监督、案后回访制度,推进监督关口前移,加强对一线执法、现场取证、立案、办案程序、案件审批和财物管理等"六个关口"的跟踪监督,防止有案不立、压案不查、随意处罚等问题发生。最后,建立执法监督责任制,严格过错责任追究。重点抓好责任分解、责任考核、责任追究三个关键环节,既对管理小商贩失职渎职、监督不力以及严重失察造成下属严重违法违纪的领导干部进行责任追究,又实行执法过错连带责任制,对应监督而放弃监督或知情不报的相关人员进行责任追究。

二是搭建畅通的社会监督平台。首先,建立执法公示制。通过向社区小商贩发放宣传册、举办政策咨询等活动,将与城管执法相关的法律、法规和城管部门的职责权限、执法依据、办案程序、工作时限、处罚标准、服务承诺以及执法人员的行为准则、纪律规定、责任追究办法、投诉方式等内容面向社会公布,方便群众监督。其次,建立社会评议机制。设立举

报箱、举报电话和电子信箱,开通官方微博、微信平台等方式广纳民言,倾听民意。聘请社区居委会、企事业单位、小商贩自治组织、新闻媒体、小商贩代表担任执法监督员,定期征求社会各界对城管执法的意见和建议,及时解决执法中存在的问题。

(六)加强城管队伍建设,提高执法人员素质

在社区小商贩治理过程中,因个别城管执法人员素质低下、手段粗暴甚至出现"以罚没养执法"的现象,不仅降低了城管部门的公信力,更进一步激化了社会矛盾。有鉴于此,应不断加强城管执法队伍建设,提高城管执法人员的综合素质,打造一支政治合格、作风过硬、纪律严明、市民认可的高素质城管队伍。一是抓好执法理念教育。牢固树立"有权不可任性""权责相统一"的法治思维,让执法人员学会正确看待手中的权力、正确行使权力,牢固树立打击违法与保护人权并重、实体与程序并重、公正与效率并重的执法理念,使针对小商贩的日常执法活动既有利于维护城市稳定,又有利于促进社会和谐。二是加强执法队伍建设。建立符合城管工作目标和执法规律的基层执法人员管理机制,开展岗位练兵活动,提高执法人员的业务水平,增强应对暴力抗法等突发事件的能力。三是加大培训工作力度。加强对执法人员的法律知识培训和执法技能轮训,及时组织新法新规的专题培训,提高基层城管执法人员的遵法、学法、守法、用法的能力。

四、合理配置城市资源,健全市场服务设施

2015年12月20日至21日召开的中央城市工作会议明确提出:统筹规划、建设、管理三大环节,提高城市工作的系统性。从构成城市诸多要素、结构、功能等方面入手,对事关城市发展的重大问题进行深入研究和周密

第六章 社区小商贩"三位一体"社会治理模式的具体路径

部署,系统推进各方面工作。从社区小商贩的经营场所来看,无论是大型集贸市场、小商贩疏导中心,还是社区内的便民服务点,都属于政府提供的公共物品,需要占用一定的城市空间资源。而城市空间资源本身具有稀缺性,一旦经过规划、建设并投入使用以后,再度进行调整将会耗费大量的社会资源,造成重复建设。如果在城市发展规划中没有做到未雨绸缪,事先为小商贩的经营活动预留充足的空间资源,或者随意挤占小商贩已有的经营空间,就会迫使小商贩四下流动扩散,只能通过占道经营、乱搭乱建、随地摆摊来谋生,不仅会导致城市管理的无序化,还会造成城市空间资源利用的低效率。因此,有必要合理配置城市空间资源,不断完善市场服务设施,为小商贩提供谋生所需的生存空间,创造良好的经营环境。

(一)城市规划应体现"未雨绸缪"的社会治理思路

城市规划是城市发展的先决条件。在城市规划中,除了人口、交通、环保和经济因素外,还应当充分考虑到社会治理活动所必需的空间资源,为小商贩提供赖以谋生的经营场所,避免为片面追求经济效益而随意挤占、压缩小商贩的生存空间。目前,国内不少地方已经开始通过立法为小商贩合理配置空间资源。例如2009年出台的《浙江省城市市容和环境卫生管理条例》规定:政府在制定城市、镇规划时,必须确定相应的经营场所,供农产品、日用小商品等行业的经营者从事经营;如果规划确定的经营场所不能满足需要的,市、县、镇政府应当依法及时修改规划。由此可见,对于规模较大的小商贩集中经营场所(如小商贩中心、小商贩疏导点或大型集贸市场)的规划布局与建设,应由政府出面统筹安排,将其纳入城市总体规划,并编制小商贩集中经营场所专项规划,根据辖区实际人口数量进行布点,科学设置市场规模,充分体现超前性。建设新住宅小区和从事旧城改造时,必须与小商贩集中经营场所同步设计、同步建设、同步配套。在条件成熟时,由政府设

社区小商贩社会治理创新研究

立小商贩集中经营场所建设发展专项资金,用于政府直接投资兴建一批示范性"小商贩中心"或集贸市场。在对现有的小商贩集中经营场所进行改造时,应按照国家规定"拆一必须建一"的政策严格执行,不能在新场所未规划好之前就将旧场所拆除,以确保新场所的用地空间。

(二)城市规划应以居民消费需求为导向

在城市规划体系中,不同类型的城市功能区承载着不同的居民消费需求。规划编制要接地气,可邀请被规划企事业单位、建设方、管理方参与其中,还应该邀请市民共同参与。例如,居民区对社区小商贩的需求明显大于文化区;而文化区又大于行政区和工业区。对于像武汉市常青花园社区、百步亭社区、南湖花园社区等超过十万居民的特大型社区,必须规划建设多个大型集贸市场,充分满足群众的日常消费需求。对于居民较少的小型社区,可以直接利用现有社区巷尾的公共空地资源灵活设置"便民经营点",或按照"两分法"的管理原则开设"路边小集市"。对于商业区、文化区和旅游景点,适合因地制宜规划建设"小商贩中心",发展餐饮服务业、专营旅游纪念品和民族文化小商品等,经营主题鲜明,彰显地区特色。在涉及居民利益的城市规划方案中,要主动征求街道和社区的意见,充分满足居民日常生计所需,由国土资源、规划建设、交通、商务、工商、城管等相关职能部门共同协商,加强沟通,共同完成规划建设。

(三)健全配套市场服务设施

城市规划应按照"分区管理、集中管理"的原则,在小商贩集中经营场所的选址、设计和论证中充分体现出科学性和合理性,以满足小商贩社会治理工作的需要。由于小商贩的经营活动不具有规模性,资金条件有限,缺乏完善的市场服务能力。为保证经营活动顺利开展,切实维护消费者权益,政府在进行城市空间规划时,针对小商贩集中经营场所还必须配套建

第六章 社区小商贩"三位一体"社会治理模式的具体路径

设完善的市场服务与后勤保障设施，例如修建停车场、仓储物流中心，开辟专门的便民公交路线，完善市场管理、售后服务、卫生检疫机制，修建顾客休憩场所，设置交通疏导告示牌、市场消费指示牌等，在提高市场服务水平的同时，最大限度地满足小商贩和消费者的日常需求。

（四）实现建设投资主体多元化

按照社会治理创新的多元治理特征，政府也可以从社会上购买公共服务，实现公益类建设的投资主体多元化。在小商贩集中经营场所的融资与建设过程中，打破过去由政府包办、独家出资、独自管理的局面，充分整合社会各方面资源，形成政府、企业、社区、个人与民营资本共同投资建设的多元化市场格局，有效解决小商贩集中经营场所的资金短缺问题。

五、关注商贩民生福祉，完善就业保障机制

就业是民生之本。从国内外治理经验来看，2010年，为迎接英联邦运动会，印度首都新德里市将城内近25万名小商贩进行驱逐，引来全国公众一致声讨。"印度全国街头小贩联合会"（NASVI）为此将新德里市政府告上法庭，认为政府没有制定为小商贩寻找替代就业的政策。2010年10月20日，印度最高法院做出裁决，禁止政府基于各种行政决策剥夺街头小贩诚实经营的就业权利。[1] 香港特区政府非常重视小商贩就业问题，专门做出立法规定：如果小贩符合低收入群体的标准，政府将会简化其办理牌照的手续，并且大幅降低管理费用，仅占香港政府发给失业人员最低保障金的5%左右。为进一步降低小商贩的就业门槛，香港特区市政局还规定，从1996年起撤销需要缴纳高额费用的流动小贩牌照，改为仅需3

---

[1] 《印度高院禁止政府驱逐小贩：谋生权利不可剥夺》，来源于新华网：http://news.xinhuanet.com/world/2010-10/24/c_12695295_3.htm，2014-10-24.

万元特惠金或1个街市固定摊位营业牌照就可以换取一个流动小贩牌照。①此外,香港特区食环署正在计划修改小贩持牌政策,允许将持牌小贩的直系子女纳入牌照继承范围。由此可见,不断健全小商贩的就业保障机制,是实现社会治理以人为本、维护小商贩权益的重要途径。按照社区小商贩"三位一体"社会治理模式的基本思路,政府应从扩就业、保民生和维稳定的高度,积极帮助社区小商贩融入城市和社区,千方百计扩大就业,为社区小商贩搭建起一个对象广、门槛低、方式活的创业平台,帮助其不断降低创业风险,营造宽松自由的创业环境,鼓励其以较小的投资风险实现就业,进而形成规模效应。

(一)实现社区小商贩治理与落实就业扶持政策相结合

根据2016年全国"两会"精神,国家将继续实施就业优先战略,不断完善政府促进就业的责任制度,消除影响平等就业的制度障碍和就业歧视,形成政府激励创业、社会支持创业、劳动者勇于创业的新机制。按照"先行试行"和"能宽则宽"的原则,各级政府应尽快制定出台鼓励社区小商贩就业的政策,扩大现有就业保障体系的覆盖面,在前置行政许可审批环节适当向社区小商贩倾斜;同时健全完善城镇居民最低生活保障制度,从制度设计上实现由"消极的补助"向"积极的劳动力市场政策"过渡。②

(二)立足社区小商贩特点,加快建设就业指导平台

就业指导平台的主要功能在于整合社会就业资源,集中发布修业指导

---

① 香港特区政府食物环境卫生署:《2003年大事纪要》,来源于香港特区政府食物环境卫生署网站:http://www.fehd.gov.hk/sc_chi/publications/annualrpt/2003/1_photo_01.html,2015-03-24.

② 吴华:《促进"和谐城管"的利益平衡分析——以流动摊贩管理为例》,2008年复旦大学硕士论文。

第六章 社区小商贩"三位一体"社会治理模式的具体路径

信息。针对社区小商贩从业群体的特点,鼓励农村富余劳动力、城镇就业困难人员和应届高校毕业生积极创业,对符合条件的社区小商贩按政策规定给予社会保险补贴。通过举办社区就业指导讲座、张贴就业信息海报、提供免费就业中介服务等渠道,为小商贩提供广泛的社会就业资源。定期为小商贩举办公益性职业技能培训,使小商贩的从业技能、经营水平得到进一步提升。加大国家促进就业的法律、法规和政策宣传力度,消除社区小商贩的择业困扰和疑虑。

(三)积极鼓励小商贩做大、做强

根据2014年新修订的《个体工商户条例》的精神,对于有一定经营实力和发展潜力的社区小商贩,工商部门应加强正面引导,鼓励其发展壮大;当符合个体工商户登记条件时,积极帮助其由无照经营的"游击队"向持照经营的"正规军"转型,取得合法经营主体资格,依法享有各项经营权利,承担经营义务。

(四)营造宽松的创业环境,树立正确的就业观念

在社区小商贩治理过程中,应致力于营造适度宽松的创业环境,激励创业者的创新意识,鼓励吃苦耐劳的创业精神。在政府治理导向上,坚持取缔与疏导相结合,除对情节特别严重、危害人民生产生活安全和社会秩序、法律规定必须从严处罚的以外,对有轻微违法、违规、无照经营行为的小商贩,实行首次告诫、二次执行下限处罚的措施,着力营造宽松、积极、竞争有序的创业环境。在为小商贩进行"输血"的同时,政府还必须兼顾个体的"造血"机制,[①]帮助小商贩树立自信、自强、自立的就业观念,培养诚实经营、守法经营、文明经营的经营理念,不断提高小商贩的就业

---

① 张敏杰:《社会经济发展中的弱势群体及其社会支持》,载《浙江学刊》2003年第3期。

竞争力。

六、推进户籍制度改革，维护外来商贩权益

在社区小商贩的从业群体中，有相当一部分外地人不具有本地户籍，属于城市流动人口。① 由于身份存在地域限制，导致外来小商贩无法和本地居民一样享有平等的市民待遇。目前，我国地方政府对外来小商贩普遍采取"从严管制、全面监控"的管理方式，在市场管理、综治维稳、计划生育、就业政策、落户条件等诸多领域进行严格限制，没有将外来小商贩纳入到城市公共服务普惠性政策的范畴，使大量外来小商贩难以平等地分享到城市发展红利，公正地享有社会保障待遇，进一步加剧了社会群体分化与社会结构失衡。

2014年7月，国务院印发《关于进一步推进户籍制度改革的意见》，取消了过去以"农业"和"非农业"区分性质的城乡二元户籍制度，宣布将对长久以来限制农村人口向城市大规模流动的户籍制度进行改革，争取在2020年以前实现1亿农村人口城镇化。2015年5月，国务院出台了《关于2015年深化经济体制改革重点工作意见》，进一步明确提出"放宽户口迁移政策，建立城乡统一的户口登记制度"。目前全国已有河南、四川、江西、黑龙江、贵州、山西、吉林、新疆等制定了户籍制度改革政策。其中，新疆提出"居住证持有人连续居住满2年和参加社会保险满2年，逐步享有与当地户籍人口同等的职业教育补贴、就业扶持、住房保障、养老

---

① 城市流动人口，是指非城市常住户籍而暂住或滞留在城市的人口。从我国公安部门统计城市暂住人口的时间标准来看，一个城市居住三天以上的人口，属于城市暂住人口。目前，我国城市流动人口可分为正常流动人口和非正常流动人口两大类。正常流动人口包括探亲访友、旅游、求学、公务、经商、劳务等类型的外地人员；非正常流动人口则包括盲目流入城市的无业游民、乞丐、逃避计划生育的夫妇，流窜作案的犯罪分子和逃避通缉的罪犯等。

第六章 社区小商贩"三位一体"社会治理模式的具体路径

服务、社会福利、社会救助等权利"。贵州提出"居住证持有人在当地连续居住 1 年以上的,逐步享有与当地户籍人口同等的就业扶持、养老服务、最低生活保障、特困人员供养等权利"[①]。按照这一改革思路,应将社区小商贩治理工作与推动户籍制度改革结合起来,充分发挥全面深化改革对社会治理创新的推动促进作用。

(一)坚持以人为本,切实维护外来小商贩的合法权利

推行户籍制度改革的根本目的在于有效满足人口发展的需要,服务于人民群众的根本利益;而治理小商贩同样也是为了保障人的权利,两者的目标具有一致性。对外来小商贩而言,《宪法》规定的公民权利主要包括生命健康权、劳动权、从国家和社会获得物质帮助的权利、对于国家机关和国家工作人员提出批评和建议的权利等。政府在小商贩治理工作中必须重点保障上述合法权益,真正贯彻以人为本的执政理念。

(二)实现户籍制度改革与城乡一体化同步发展

按照 2016 年新一轮户籍制度改革的总体思路,我国将全面放开小城市落户限制,有序放开中等城市落户限制,合理确定大城市落户条件。必须确保外来小商贩与城市人口享受同样的市民待遇,在户籍、教育、社保、就业等方面不断弥补代沟,缩小差距,逐步实现外来小商贩与市民群体的有机融合。

(三)搭建"互联网+"人口综合治理信息平台

整合"大数据"现代信息技术资源,建立跨区域的流动人口综合治理信息系统,开发整合工商、卫生、计生、劳动、教育等部门信息资源的外

---

① 《16 省份出台户籍制度改革意见将落实居住证制》,来源于网易:http://money.163.com/api/15/0528/08/AQMII96C00254U80.html？sg&pl=01_02,2015-05-28.

来小商贩"云计算"数据平台，帮助政府准确掌握人口信息，科学制定公共政策，提高社区小商贩治理工作的信息化水平。

第三节 激活社区治理功能，搭建社区就业平台

一、社区治理的概念与内涵

所谓社区治理，是指在特定社区范围内的多个政府和非政府组织机构，依据正式的法律、法规以及非正式的社区规范、公约等，通过协商谈判、协调互动、协同行动等途径，对涉及社区共同利益的公共事务进行有效管理，从而增强社区凝聚力，增进社区成员福利，促进社区发展的过程。在社区小商贩社会治理体系中，社区治理扮演着极为重要的角色，既是社会治理活动的重要内容和基础性环节，也是衡量社会治理水平、检验社会治理成效的标尺。

从本质上而言，社区治理与政府管理有着显著区别。社区治理并非通过发出命令、颁布法律或制定政策并予以执行来实现管理目标，而是在社区范围内通过整合所有资源，实现协商合作、协同互动、团结共建来达成共同价值目标，进而依靠社区居民的一致接纳和普遍认同采取共同行动，联合起来对社区公共事务进行良好的治理。国内学者燕继荣认为，良好的社区治理指标体系包括社区自组织水平、社区交往程度、社区成员信任度、社区集体行动能力四个维度。[①]（参见下表6.1）

[①] 燕继荣：《社区治理与社会资本投资——中国社区治理创新的理论解释》，载《天津社会科学》2010年第3期。

第六章　社区小商贩"三位一体"社会治理模式的具体路径

表6.1　良好的社区治理衡量指标

维度	衡量指标	意义
1. 社区自组织水平	组织数量和组织资源	反映成员自主和自助管理费用能力
2. 社区交往程度	成员之间的网络关系	反映社区依存度
3. 社区成员信任度	成员之间和非组织成员的信任程度	反映交易成本的高低与合作的可能性
4. 社区集体行动能力	参与公共事务的人数、频度	反映超越个人之上采取集体行为的可能性

在社会治理创新的时代背景下，加强社区治理的重要意义在于：

一是有利于发展社区经济。在我国城市化进程中，社区作为基层群众性自治组织，并不隶属于政府行政管理体系，所需经费主要来源于政府财政拨款。但是，由于政府财力有限，通过财政转移注入到社区的经费往往难以应付各项日常开支；而超支部分主要依靠发展社区经济、发掘社区资源潜力来解决。通过充分发挥社区的自我调节功能、资源整合功能与市场参与功能，能够显著提升社区资源的产出效益，繁荣社区经济，创造更多就业机会，多样化地满足社区居民的消费需求。

二是有利于维持社区秩序。社区秩序既包括社区安全与稳定，也包括社区环境的整洁与美观。通过充分发动政府、企业、社会组织、街道办事处、社区居委会和社区居民等多方主体共同参与社区治理，能够有效改善社区治安状况，保护社区公共环境，消除不稳定隐患，有效预防违法犯罪现象，进而维护社区秩序。

三是有利于繁荣社区文化。基于对社区共同价值观的认同，社区文化承载着凝聚民心、汇拢民意、集思广益、达成共识的重任。加强社区治理有利于调动社会各方面的积极因素，增强全体居民对社区集体的归属感，不断增加社区和谐因素，提升社区生活品质，传承与发扬社区文明。

二、明确社区治理权责范围，彰显居委会主体地位

中共十八届三中全会《决定》指出："鼓励和支持社会各方面参与，

实现政府治理和社会自我调节、居民自治良性互动。"在我国，社区组织的主要表现形式是社区居民委员会。作为最广泛的群众性自治组织，社区居民委员会既是社会的基础构成要素，也是实现公众参与的基层平台，更是参与社会治理创新的重要力量。社区的繁荣与稳定，直接关系到社会和谐发展的大局，关系到社会治理创新能否取得预期成效。由于社区是群众生活的最基本单元，庞大的人群产生了巨大的日常消费需求，使社区居民对小商贩具有很强的依赖性。由于社区客源稳定，消费潜力巨大，且在街头巷尾、社区空地摆摊设点或流动经营较为隐蔽，被执法部门查处的概率相对较小，因此社区也颇受小商贩青睐。以上两方面因素，使得社区与小商贩紧密结合到一起——社区成为小商贩开展经营活动最主要的地点；"社区小商贩"成为在城市中最常见的小商贩群体。

鉴于社区与小商贩之间的密切联系，以及社区居委会在小商贩日常管理中发挥的重要作用，将社区居民委员会纳入小商贩治理主体的范畴，其意义在于：一方面，社区居委会通过积极搭建小商贩就业平台，让小商贩主动融入社区环境，自觉接受社区管理监督，进而充分激活社区自治的能动性与适应性，不断提高小商贩治理水平。另一方面，社区居委会是居民自发形成的自治性组织，通过选举利益代表人代替居民履行社区管理权利，参与小商贩治理，能够有效消除单一治理主体的外部性[①]，发挥社会协同功能，形成多元共治的基层社会治理格局，进而有效降低社会治理成本。

根据《城市居民委员会组织法》规定，居民委员会除了开展居民自治外，还必须协助政府及派出机构开展工作；而其他相关法律、法规也对社区居委会协助政府开展某些特定领域内的管理工作进行了规定，使社区居委会

---

① 外部性是指在社会经济活动中，一个经济主体（国家、企业或个人）的行为直接影响到另一个相应的经济主体，却没有给予相应支付或得到相应补偿，而导致对方利益受损。

第六章 社区小商贩"三位一体"社会治理模式的具体路径

难以避免地烙上了"行政化"的印记,无法充分发挥自治功能。长期以来,在"大政府、小社会"的行政管理格局中,受传统"官本位"文化影响,作为基层群众性自治组织的社区居委会并非是"官",却沉浸在官僚思维中,习惯于服从政府自上而下的行政命令,接受政府财政的直接供养;政府对社区事务具有绝对的控制力和权威性,社区居委会只能被动地接受政府、政府职能部门和街道办事处(政府派出机构)的管理,既缺乏参与公共治理的话语权,也缺乏制定社区决策的主动权,更没有相应的人、财、物等关键资源的调配权。例如,在社区居委会的日常工作中,"费随事转"的制度缺乏具体操作流程,难以真正落实。"两委、一中心、三个站"("两委"即社区支部委员会、社区居民委员会;"一中心"即社区服务中心;"三个站"即社区事务管理站、社区网格管理站、社区城市管理站)是社区最主要的组织机构,承担信息采集、综合治理、劳动保障、民政服务、计划生育、城市管理、食品安全7项职责。由于这7项职责涵盖的范围过于宽泛,主体权责关系尚不明晰且缺乏直接的法律依据,导致社区开展工作只能借助政府的行政命令和红头文件,完全依靠政府权威办事,难以发挥社区自身的主动性,造成社区服务功能和自治功能缺位。

有鉴于此,为彰显社区作为社会治理重要领域的地位,充分激活社区的自治功能,必须彻底摒除社区居委会的行政化色彩,将社区居委会从复杂的行政事务和冗杂的官僚体系中解放出来,使社区居委会能够在社区小商贩"三位一体"社会治理模式中发挥更大作用。

(一)充分激活社区居委会的自治功能

对照政府各部门出台的"权力清单""责任清单"和"负面清单",制定属于社区居委会的"职责清单"并面向社区居民发布,对社区居委会现有的所有职责进行全面清理,将本不该由其承担的行政工作剥离出来,回归政府相关部门；进一步淡化社区居委会的行政色彩，强调守土有责，还社区居委会以本来面目，使其既能保持一定的权威与公信，又有充足的能力开展民主自治和互助服务，进而实现政府依法行政和居民依法自治的有效衔接与良性互动。①

首先，社区居委会应深入开展调查研究。针对社区现有的小商贩经营状况、社区居民的消费需求和社区公共空间的资源情况进行摸底，在征得社区居民的同意后，制定管理社区小商贩的具体措施，设置相对固定的经营场所，吸引小商贩定点、入室经营；通过与小商贩签订经营管理合同，明确具体营业时间和经营种类，要求小商贩遵守制度、诚实经营，自觉维护社区环境卫生，实行集中规范管理。具体管理事务的执行工作，可由居委会对外聘请工作人员专职担当。

其次，社区居委会应发挥协同治理功能。积极与政府职能部门沟通，定期通报情况，反馈意见，形成良好的互动关系；配合政府职能部门对小商贩的日常经营活动进行监督、管理和评估，协助政府职能部门开展日常巡查、联检和执法工作。

最后，社区居委会应发挥利益协调功能。如出现小商贩经营扰民、破坏环境、不讲诚信等现象，社区居民可以随时向社区居委会投诉，由社区居委会出面与小商贩进行沟通，及时调处纠纷，避免矛盾扩大化。同时，小商贩的利益诉求也可由社区居委会直接向政府职能部门、其他社会组织和社区居民转达，确保信息传递畅通。

（二）创新社区治理组织体系，提高社区治理效率

社区主体功能的发挥，必须依靠科学的组织体系来实现。从作为全国

---

① 罗新安：《社区居委会"去行政化"的思考》，载《珠海特区报》2013年3月28日第4版。

第六章 社区小商贩"三位一体"社会治理模式的具体路径

社会管理创新综合试点的"宜昌经验"来看,通过实践摸索出一套行之有效的社区治理组织体系,将过去社区组织体系中的"一中心、三个站"整合为"三个中心",即"便民服务中心""综治维稳中心"和"网格管理中心"。其中,便民服务中心是基层服务平台,专门负责办理各项基本公共服务;综治维稳中心是关口前移的基层信访维稳平台,专门负责社会治安综合治理和接待处理来信来访;网格管理中心是细化操作的基层管理平台,专门负责网格综合服务管理。通过设置"三个中心",对社区居委会的各项工作职责进行分类梳理,形成由综治信息员、环卫监督员、治安巡防员、劳动保障服务员、社会养老服务员、计生服务员、心理咨询疏导员等构成的"新八大员"力量,岗位分工到位,责任落实到人。

(三)发动居民广泛参与,实现社会协同治理

社区小商贩治理工作与维护社区居民利益密切相关,需要充分发动群众广泛参与,更加突出地发挥居民自治作用,千方百计满足居民日常消费需求。涉及小商贩经营场所的选址、规划、建设,以及小商贩日常监督管理、市场服务和售后保障等具体环节,社区居委会要主动与社区居民、小商贩、小商贩自治组织和政府职能部门共同磋商,听取多方面的意见,在达成共识的基础上,充分利用社区居委会十分熟悉辖区内各地段人流、交通状况、居民消费习惯、消费水平等信息资源的优势,制定各方主体都能够接受且能实现互利共赢的治理措施。

三、发挥社区服务中心功能,搭建社区就业平台

社区居委会在社区小商贩治理体系中的主体地位,除了与自身积极履行职责相关外,还取决于"社区服务中心"能否发挥应有的功能。"社区服务中心"是提供社区服务的载体,其运营主体是具有独立法人资格、经

民政部门登记成立的社会组织，主要是社区居委会及非参照公务员管理的事业单位等。①"社区服务中心"主要从事由政府资助或购买的公共服务项目的日常管理，以及向居民提供自助互助、文化娱乐、信息咨询等方面的服务；根据居民需求，还可以开展必要的经营性服务项目。其运营经费主要来源于政府购买或资助的公共服务项目费用，以及经营性服务项目取得的收入。在社区小商贩"三位一体"社会治理模式中，"社会服务中心"既是保障小商贩就业权益、拓宽社区就业渠道的平台，又是提供各项社区服务功能的主体，更是承载社区集体行动的载体，担负着重要使命。

（一）积极推动社区服务中心办理营业执照

由于社区小商贩不具备商事登记的法定条件，无法办理营业执照，因而在事实上处于违法经营状态。而"社区服务中心"本身具有独立法人资格，能够依法开展经营性服务项目，完全符合领取营业执照的法定条件。将社区内所有的小商贩置于"社区服务中心"内进行统一管理，由工商部门为"社区服务中心"颁发营业执照并对小商贩实行备案管理，使托管于"社区服务中心"的小商贩都能间接获得市场准入资格，既帮助他们摆脱了违法经营的困境，又有利于将小商贩集中规范管理。由此可见，"社区服务中心"充分发挥了基层就业平台的功能，在与现行立法不冲突的前提下，有效破解了小商贩无照经营难题。因此，政府应积极扶持"社区服务中心"发展壮大，纳入工商登记管理范围，将其身份从单一的服务主体转变为完全的市场主体，更加灵活地发挥帮扶就业、服务民生的功能。

（二）加大投入，加快社区服务中心建设步伐

首先，逐步扩大"社区服务中心"建设规模。确保与社区居民数量和

---

① 参见《深圳市社区服务中心设置运营标准（试行）》（深民函〔2011〕585号）。

第六章 社区小商贩"三位一体"社会治理模式的具体路径

小商贩从业规模相适应,能够充分满足社区居民基本生活需要和小商贩经营活动需要。根据国家有关"城市新建居民住宅应有7%左右的面积作为商业用房"的规定(国办函〔1993〕33号),新建小区住宅建筑面积每5万平方米,应当配建农贸市场面积不得低于1000平方米。根据国标《城市居住区规划设计规范(GB50180-93)》,我国居住社区分为居住区、居住小区和居住组团三级规模,其对商业服务设施的千人配建指标(含综合食品店、百货店、餐饮、药店、书店、市场、便民店及其他第三产业设施)都做出了明确规定。(参见下表6.2)

表6.2 城市居住区规划设计规范(GB50180-93)

配套标准 \ 社区类型	居住区	居住小区	居住组团
居民人数	30000-50000人	10000-15000人	1000-3000人
商业服务设施的千人配建指标	每千人600-940m^2的用地面积,700-910m^2的建筑面积	每千人100-600m^2的用地面积,450-570m^2的建筑面积	每千人100-400m^2的用地面积,150-370m^2的建筑面积

其次,合理配备"社区服务中心"工作人员。由社区居委会选派专职管理人员负责社区小商贩的登记、注册、档案管理及咨询服务。专职管理人员应熟悉社区情况,具备社会服务的基本技能和市场管理的相关经验,其薪酬由政府财政统一拨付。除了专职管理人员外,还应聘请清洁、保安、水电维修等辅助工作人员负责提供市场配套服务,确保"社区服务中心"正常运转。

再次,充分发挥"社区服务中心"的引导功能。通过举办讲座、张贴海报或发放宣传手册等方式,让小商贩充分认识到"社区服务中心"对于扩大就业、服务民生的积极作用;通过主动宣传,帮助小商贩打消顾虑,增强遵纪守法、文明经营的观念和自觉维护环境卫生的意识;面向居民宣传小商贩进驻"社区服务中心"的优势,以实际行动赢得居民的理解和支持,营造和谐发展的社区氛围。

四、完善日常监管工作机制，实现社区精细化管理

（一）逐步扩大社区小商贩备案管理覆盖面

加强社区治理的制度建设，使备案管理工作有章可循，将任务目标、岗位分解、工作流程和责任归属逐一落实到位。进一步将"社区服务中心"打造成消费纠纷解决中心、证照办理承接中心和失业人员再就业指导中心。对已经取得备案的小商贩要认真做好日常监督、管理和后勤服务工作，帮助其不断发展壮大；对既不办理营业执照、又不愿加入社区备案的小商贩，由社区居委会主动上门做好劝导工作；对违法情节严重、拒不改正或者长期扰民不止的小商贩，上报政府有关部门，配合政府执法工作，坚决予以取缔。

（二）通过签订合同明确双方权利和义务

"社区服务中心"将辖区内的小商贩纳入备案管理后，不仅可以解决小商贩合法身份缺失的问题，还可以通过契约方式固化双方权责，加强对小商贩日常经营行为的监督管理。通过与备案小商贩签订管理合同，明确双方的权利、义务和责任。在合同中应明确约定："社区服务中心"有权对备案小商贩的经营行为进行统一管理；小商贩必须按照指定地点、指定摊位和指定时间营业，并缴纳一定管理费用；小商贩必须服从管理、遵守市场秩序、维护社区环境。小商贩在被纳入备案范围并履行合同义务后，也有权要求"社区服务中心"提供必要的经营条件和相应的市场服务设施，以确保其经营活动顺利开展。通过明确契约关系，逐步达到"管而不僵、放而不乱"的效果，在满足群众生活需求的同时，有效解决小商贩经营扰民问题。

第六章 社区小商贩"三位一体"社会治理模式的具体路径

（三）明确社区市场监督员的职责

社区居委会为每个"社区服务中心"选派1至2名市场监督员，专门从事小商贩日常监管工作。社区市场监督员在社区居委会的领导下开展工作，在业务上接受基层工商行政管理部门的指导，其主要职责是：负责辖区内小商贩日常经营活动的监督管理；督促小商贩依法经营，一旦发现小商贩的违法、违规行为应立即予以制止；超出自己职责范围的，应立即向上级有关部门报告；建立社区监督员协同政府执法人员的工作机制，配合工商、城管、食药监、卫生等管理部门进行日常巡查、联检或执法工作；及时向社区居委会报告小商贩经营情况，并积极提出意见和建议。为确保社区市场监督员具备相应的工作能力，切实担负起监管职责，要求监督员必须经过工商部门的业务培训后持证上岗；定期举办《个体工商户条例》《食品安全法》《消费者权益保护法》《个体工商户登记管理办法》《无照经营查处取缔办法》等法律、法规、政策以及监管业务常识培训，提高社区市场监督员的业务素质。

（四）充分发挥社区网格化管理的优势

所谓社区网格化管理，是指以社区数字化信息平台为载体，将社区范围划分为不同的单元网格，为每个网格配备专门的管理人员。通过加强对单元网格的信息搜集和巡查，实现日常监督与问题处置相分离的社区治理新模式。网格化管理的主要优势在于：能够主动发现、及时处理社区治理中存在的问题，提高社区治理的精细化程度和突发事件应对能力，实现对社会基层矛盾和社区突发事件的源头治理。"宜昌经验"对社区网格化管理的成功运用充分说明：网格化管理是行之有效的社区治理手段；应将其积极推广到社区小商贩治理实践中，不断增强日常监管工作的实时性和准确性，进而提高社区小商贩治理水平。

首先，以社区居委会为单位，以居委会工作人员为基数，科学划分责任片区（即网格）。结合辖区居住人口状况、日常监管工作的难易程度等因素，按照权责明晰、目标均衡、联动配合、全面覆盖的原则，明确每个网格的具体范围。

其次，为每个网格配备专门的管理人员，包括管理员、楼管员、协管员、治安巡逻员（警员）、督导员"五员"，其中管理员为网格负责人。管理员、楼管员、协管员可由社区居民担任，治安巡逻员和督导员由专职人员担任，形成以网格为基本管理单元的社区工作网络，充分体现出自治性。

再次，构建动态的信息化管理平台。全面了解社区小商贩的从业人群、从业规模、从业习惯等基本情况，完成信息采集工作。将搜集到的相关信息和排查出的矛盾隐患全部分格、分类、分时归档，实现对小商贩的精细化管理，从源头上防范和化解社区不稳定因素。

最后，通过对数据信息的及时收集、汇总、比对、分析和研判，准确掌握小商贩日常经营活动中的监管重点和监管难点，有针对性地提出各项对策措施。由社区居委会出面，定期组织集中排查矛盾纠纷，按照层级分解、归类调处的原则，落实责任到人，限期予以解决。

第四节　培育小商贩自治组织，发挥自我管理功能

中共十八届四中全会《决定》指出："支持行业协会商会类社会组织发挥行业自律和专业服务功能，发挥社会组织的行为导引、规则约束、权益维护作用。"从本质上言，社区居委会和小商贩自治组织都属于社会自治组织，二者的性质和作用有所不同。社区居委会属于政治意义上的社会自治组织，小商贩行会等则属于经济意义上的社会自治组织。在社区小商

第六章 社区小商贩"三位一体"社会治理模式的具体路径

贩"三位一体"社会治理模式中,二者都是社区小商贩的治理主体,同属于多元协同社会治理体系的重要组成部分,但在治理领域和治理功能上又存在显著区别。一方面,从治理领域来看,相比社区居委会立足基层社区领域进行治理,小商贩自治组织主要在特定的市场行业领域内进行治理。另一方面,从治理功能来看,根据《城市居民委员会组织法》规定,社区居委会除了自我管理的功能外,还要执行宣传教育、发展集体经济、办理公共事业和公益事业、调解民间纠纷、协助有关部门开展社会治安综合治理和公共卫生、计划生育、优抚救济,残疾人保障、青少年教育、扫盲教育和妇女儿童合法权益保护工作、精神文明创建等多项公共职能。而小商贩自治组织的功能较为单一,主要以行业内部管理为主,包括为小商贩(成员)提供服务;实行行业自律、协调行业关系、维护小商贩合法权益;协助政府职能部门加强行业管理等三项功能。

如前所述,"一元化"管制思维已经难以适应经济社会发展的新要求。在社会治理创新背景下,只有通过各方治理主体分工配合、步调一致、相辅相成才能完成治理任务,实现"善治"目标。因此,必须寻找到一条有效的治理路径,在政府、市场和社会三类不同的治理领域之间寻求最佳契合点,最大程度地发挥公共资源利用效率,激活社会治理潜力。在这一治理路径中,行业导向性强、与市场要素结合紧密、在市场中日益活跃的小商贩自治组织就是有效连接政府、市场和社会三大领域的纽带,也是实现社会协同治理、彰显活力与效率的最佳选择之一。

一、小商贩自治组织的特征

在国外,小商贩自治组织十分发达。韩国首尔市政府直接委托"全国摊店业主联合会"来管理小商贩,目前会员已有数万人。美国纽约的"小贩权益组织"经常活跃在政府听证会和新闻媒体报端，积极向市议会建言献策，被誉为"小贩代言人"。台北市为鼓励小商贩自我管理，专门出台了《台北市摊贩管理自治条例》，通过立法扶持小商贩自治组织发展壮大。在印度，形形色色的小商贩及民间团体自发组织成立了"印度全国街头小贩联合会"（NASVI），其成员来自印度20个邦，有近300个民间组织和16万名小商贩。在该协会大力推动下，2004年印度政府专门制定了《街头小贩国家政策》，从国家政策层面规范小商贩管理。[①] 在国内，随着社会治理创新的深入推进，多元参与的理念日益深入人心，越来越多的小商贩自治组织开始活跃在公共领域。无论是北京胡同里的"摊贩自治会"、上海黄浦江畔的"义务志愿者队"，还是珠海刚刚兴起的"小贩自治委员会"，以及四川广安较为成熟的"菜贩自治会"等，都充分表明：政府通过简政放权，积极扶持、鼓励小商贩自治组织发展壮大，逐步实现小商贩群体自我管理、自我监督、自我服务，不失为提升社会治理效率的一条良策。

首先，从性质上看，小商贩自治组织具有非营利性、非政府性和自治性。奉行以服务为本的价值理念，不以市场趋利为目标。这一特点不仅能显著提升小商贩自治组织与政府、企业和社区居委会等治理主体的辨识度，还能够使小商贩自治组织从繁杂的官僚体系和琐碎的市场逐利行为中抽身出来，以行业价值为基准，秉持中立立场，协调各方关系，公正、独立地参与社会治理。

其次，从意义上看，小商贩自治组织能够显著提高社会治理效率。"公民的集体力量永远会比政府的权力创造出更大的社会福利。"[②] 作为一种

---

① 《印度高院禁止政府驱逐小贩：谋生权利不可剥夺》，来源于新华网：http://news.xinhuanet.com/world/2010-10/24/c_12695295_3.htm，2010-10-24.

② 托克维尔：《论美国的民主》，董果良译，商务印书馆1997年版，第100页。

第六章　社区小商贩"三位一体"社会治理模式的具体路径

社会自治机制,小商贩自治组织能够通过情感趋同和目标一致来维系特定的社会群体;能够广泛动员社会资源,促进利益相关者积极参与公共决策,提供公共服务。同时,小商贩自治组织的互益性特征又能通过提供竞争性公共物品,使大多数社会成员从中受益。

再次,从地位上看,小商贩自治组织属于政府与小商贩之间的"缓冲地带"。充分整合小商贩群体的利益诉求和意见建议,积极扮演"意见领袖"的角色,代表小商贩与政府开展协商对话,及时传达政府的公共政策和治理思路,避免信息不对称;增进小商贩与政府之间的理解互信,有效协调政府管理过程中产生的利益冲突,主动为社会弱势群体服务。

第四,从功能上看,小商贩自治组织有助于解决各类社会矛盾。由于小商贩自治组织的主要活动领域扎根社会基层,直接面向广大群众,比政府更加熟悉基层情况。通过积极参与社会治理实践,针对政府决策提出意见和建议,帮助政府有效解决公共政策不合理、市场供需不平衡、就业矛盾突出、贫富分化加剧、社会保障缺位等社会问题,促进社会和谐。

二、发展小商贩自治组织的具体路径

(一)政府加强引导扶持,形成伙伴型治理关系

小商贩自治组织作为新兴的社会治理力量,具有政府和社区居委会不具备的行业指导性、利益整合性和市场参与性,既是衔接政府、市场、社会三大治理领域的桥梁和纽带,也是促进国家与市民社会协调发展的助推器,在促进协商民主、协调社会关系、化解利益冲突、维持社会稳定等方面发挥着积极作用。因此,政府应鼓励扶持小商贩自治组织健康发展,努力培育小商贩自治组织的独立型人格,让小商贩行业协会、小贩自治委员会、商贩维权组织等不同类型的自治组织更加活跃地出现在社会治理视野中。

一方面，通过简政放权，拓展小商贩自治组织的发展空间。政府应充分重视小商贩自治组织的地位，重点培育和优先发展行业协会商会类社会组织，成立时直接依法申请登记。通过精简行政审批流程、降低社会团体民政登记门槛等方式，在公共产品和公共服务领域允许小商贩自治组织参与竞争，让小商贩自治组织更多地享有参与公共决策、提供公共产品和公共服务的机会，更多地掌握参与社会治理的主动权，进而形成政府与小商贩自治组织相互配合、紧密衔接、协同共治的"伙伴型"治理关系。（参见下图6.1）

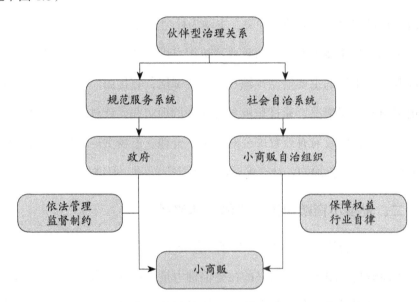

图6.1　社区小商贩"伙伴型"治理关系示意图

另一方面，加强全程指导、跟踪服务和有效监督。制定促进小商贩自治组织发展的专项规划，出台经费保障、就业保障、业务指导等方面的具体政策。在条件成熟时，可以借鉴台湾地区和韩国的治理经验，根据政府财政预算、辖区内小商贩规模和市场消费需求等客观情况，以公开招标的方式，面向小商贩自治组织购买公共服务，委托小商贩组织进行自我管理，

第六章 社区小商贩"三位一体"社会治理模式的具体路径

既能够充分发扬民主,调动社会基层参与治理的积极性,又能够极大地缓解政府治理压力,降低行政管理成本,将政府从琐碎的日常管理事务中解放出来,集中精力抓好顶层设计和宏观调控。

(二)小商贩自治组织积极作为,注重自我管理、自我服务

第一,发挥凝聚功能,达成群体共识。利用自身号召力和行业影响力,把大量孤立、分散的小商贩个体紧密团结起来,代表小商贩与政府部门、社区居委会和其他治理主体开展沟通对话,及时传递小商贩群体的利益诉求,主动向政府管理部门、社区居委会和其他社会组织反映问题,提出意见和建议。

第二,开展民主协商,实现协同治理。加强与政府部门、社区居委会、社区居民的对话沟通,针对治理过程中发现的具体问题积极开展民主协商,实现公共决策的民主化。在集思广益的基础上,共同商讨制定行业经营规则和相关管理措施,有效协调各方主体之间的利益冲突,进而实现保障小商贩权益、满足居民消费需求和维护社区秩序之间的有机平衡。

第三,完善服务功能,提高商贩素质。自我服务是小商贩自治组织的本质特征,也是最核心的功能。主要包括:参与研究和制订本行业的基本从业规范;促进小商贩提高经营水平,防止小商贩之间不正当竞争,使小商贩在团结互助中共同发展;为小商贩及时提供市场供求信息和经营方法等经济情报;定期举办业务技能培训,提高小商贩经营素质;增进小商贩之间的团结,调解小商贩之间的矛盾和纠纷,维护小商贩全体的共同权益。

第四,强化行业自律,实现自我约束。制定并公布自治组织管理章程、行规行约和具体实施办法,规范小商贩的日常经营行为,协调同行价格争议,维护公平竞争。借助信息化技术手段,为小商贩建立诚信档案系统,定期对小商贩的卫生状况、服务态度、服务质量等进行检查登记。教育、

引导小商贩守法经营、诚信经营，不售卖伪劣食品，不提供短斤少两的服务，不破坏城市和社区环境，不影响居民生活等。实行奖惩结合的激励机制，定期对小商贩进行考核并公布结果，奖励诚实经营的小商贩，惩罚不合格的小商贩。

第五，配合政府管理，主动接受监督。积极配合政府职能部门的行政管理和执法工作，主动接受政府部门的行政指导、评估检查与监督。经政府部门授权和委托，参与相关立法、政策的论证、起草与制定；参与小商贩集中经营场所的规划、选址、拆迁、建设等环节的前期论证；积极协助社区居委会开展日常管理工作，引导小商贩主动入驻"社区服务中心"，接受备案管理。

第六，广纳社会资源，扩宽经费渠道。由于小商贩自治组织具有非营利性，主要通过成员缴纳会费、志愿者义务劳动和社会捐赠等渠道获取资金来维持运转，经费渠道十分有限。为扩大经费来源，小商贩自治组织可以结合自身特色，因地制宜开展公共服务活动，通过进行社会募捐、接受政府购买服务、承担其他社会组织的委托管理项目等渠道广泛吸纳社会资源，将所筹集资金用于组织自身建设发展，以及用来帮扶弱势群体、奖励诚信先进。

第五节 广泛开展宣传引导，营造良好社会氛围

2015年12月20日至21日召开的中央城市工作会议明确提出：城市发展要善于调动各方面的积极性、主动性、创造性，集聚促进城市发展正能量。要坚持协调协同，尽最大可能推动政府、社会、市民同心同向行动，使政府有形之手、市场无形之手、市民勤劳之手同向发力。政府要尊重市

第六章 社区小商贩"三位一体"社会治理模式的具体路径

民对城市发展决策的知情权、参与权、监督权,鼓励企业和市民通过各种方式参与城市建设、管理,真正实现城市共治共管、共建共享。现代化的社会治理体系具有扁平化特征。公众参与程度是衡量社会治理创新水平的标尺,也是社区小商贩"三位一体"治理模式的应有之义。当前,应以全面深化改革、全面推进依法治国为契机,坚持多措并举,加强正面引导,深入开展以社区小商贩社会治理创新为重点的宣传教育活动,在全社会形成人人关心、人人参与、人人支持小商贩治理工作的社会风气和良好氛围,最大程度地激发社会活力、最大程度地增加和谐因素、最大程度地整合社会资源。此外,还应按照《中华人民共和国政府信息公开条例》的要求,搞好信息公开工作,在公共政策的制定和实施过程中扩大基层民主参与的广度和深度。通过建立网络信息公开平台,逐步完善信息公示和行政听证制度,让社区小商贩治理工作接受社会全方位监督,使各项治理政策和改革措施更加贴近民生,让群众满意。

参考文献

一、中文文献

[1] 阿如娜. 深刻认识国家治理体系和治理能力现代化的重大意义[N]. 内蒙古日报, 2013-12-20（4）.

[2] 安徽省社科院课题组. 中国共产党对社会建设的理论创新[N]. 安徽日报, 2011-06-13（2）.

[3] 曹徐. 对"一照式"社区经营备案管理模式的探讨[J]. 工商行政管理, 2011（10）.

[4] 陈冬红. 加强和创新社会管理应突出民生主题[J]. 中国浦东干部学院学报, 2011（6）.

[5] 陈广胜. 走向善治[M]. 杭州：浙江大学出版社，2007.

[6] 陈积敏. 迁徙自由下户籍制度改革的构想[J]. 湖南警察学院学报, 2011（6）.

[7] 陈界. 完善人民政协协商民主工作机制的三方面工作[J]. 辽宁省社会主义学院学报, 2014（6）.

[8] 陈立兵. 弱势群体的自雇就业权利与提升城市治理水平[J]. 中国行政管理, 2010（2）.

［9］陈蔚涛.公众参与在社会治理中的基础性作用［J］.大连干部学刊，2014（1）.

［10］陈文超.活路：社会弱势群体成员的生存逻辑——以与城管博弈的小商贩为例［J］.云南民族大学学报，2008（1）.

［11］杜飞进.中国现代化的一个全新维度——论国家治理体系和治理能力现代化［J］.社会科学研究，2014（9）.

［12］方涛.论"四个全面"的重大战略意义——基于中国梦为中心的分析［J］.中共石家庄市委党校学报，2015（4）.

［13］高硕.先秦儒家的等级意识与人文精神之关系及其现代意义［J］.兰州学刊，2014（1）.

［14］郭虹.外来经商者与城市商贸市场的发展——兼论流动人口在市场发展中的资源意义［J］.社会科学研究，2002（5）.

［15］郭宁.我国城市流动摊贩治理模式研究［D］.暨南大学硕士论文，2010.

［16］国际劳工组织.国际劳工组织世界就业报告（1998-1999）［R］.北京：中国劳动社会保障出版社，2000.

［17］国家卫生和计划生育委员会流动人口司.中国流动人口发展报告（2014）［R］.北京：中国人口出版社，2015.

［18］郝明.问苍茫大地,谁主沉浮：小商贩主体地位初探［J］.法制与社会，2012（5）.

［19］何丹,朱小平,钱志佳.城市流动摊贩研究述评——兼论上海市摊贩的特征［J］.城市问题，2013（3）.

［20］何静.我国小商贩无照经营合法化及其治理［D］.华东政法大学硕士论文，2012.

[21] 何兰芳.创新工商所基础监管工作的探讨[J].改革与开放,2010(12).

[22] 何勤华.依法治国理论的新拓展[J].中国高校社会科学,2014(6).

[23] 何增科.从社会管理走向社会治理和社会善治[N].学习时报,2013-01-28(2).

[24] 胡锦涛在省部级主要领导干部社会管理及其创新专题研讨班开班式上发表重要讲话[N/OL].http://www.most.gov.cn/jgdj/djyw/201103/t20110330_85718.htm,2011-03-30.

[25] 湖南省人大常委会.湖南省食品生产加工小作坊和食品摊贩管理条例[N].湖南日报,2012-12-03(3).

[26] 黄波,魏伟.个体工商户制度的存与废:国际经验启示与政策选择[J].改革,2014(4).

[27] 黄耿志,李天娇,薛德升.包容还是新的排斥?——城市流动摊贩空间引导效应与规划研究[J].规划师,2012(8).

[28] 黄文芳.试论摊贩管理中的治理与包容[J].环境卫生工程,2008(4).

[29] 黄勇,苗力.城市空间失范素描[J].规划师,2011(2).

[30] 姬亚平,葛春晖.西安"标准化执法"破解城管困局[J].决策,2010(1).

[31] 季明,李舒,陈冀.李志强事件对城管执法者的影响[J].瞭望,2007(2).

[32] 江必新,李沫.论社会治理创新[J].新疆师范大学学报,2014(2).

[33] 李博宇.面目不清的"城管"[J].人民公安,2007(10).

[34] 李建民,张车伟,王放,朱宇.户籍制度改革:进程中的困境[J].人口与发展,2012(6).

[35] 李建伟.从小商贩的合法化途径看我国商个人体系的建构[J].中

国政法大学学报，2010（6）.

［36］李君如.党的十八届三中全会与到2020年的中国改革纲领［J］.求知，2013（12）.

［37］李麟.我国社区管理创新路径探讨［D］.四川省社会科学院硕士论文，2012.

［38］李文君.鼓励创业加强服务推进公平［J］.教育与职业，2014（8）.

［39］李小健.食品小作坊小摊贩：食品安全事故"高发区"［J］.中国人大，2012（1）.

［40］李跃歌.民生视角下我国城市流动摊贩治理研究［D］.湖南农业大学硕士论文，2013.

［41］李增强.西方国家大部制对我国政府机构改革的启示研究［D］.湘潭大学硕士论文，2008.

［42］李战刚.公平正义与社会治理理论创新［J］.科学社会主义，2014（2）.

［43］李章军.扎扎实实提高社会管理科学化水平建设中国特色社会主义社会管理体系［N］.人民日报，2011-02-20（2）.

［44］联合课题组.深化首都城市管理行政执法体制改革研究［A］//北京市城市管理综合行政执法调研报告汇编（2005年度）［G］.2005.

［45］梁达.从根本上解决就业结构性矛盾［J］.宏观经济管理，2014（8）.

［46］梁伟军.农业与相关产业融合发展研究［D］.华中农业大学硕士论文，2010.

［47］林琳，马飞，周子廉.城市"走鬼"现象的特征与评析——以广州新港W路为例［J］.城市问题，2006（2）.

［48］刘剑.重访武汉市工商局的闪光足迹［N］.中国改革报，2011-07-28（6）.

[49] 刘松.行政法视角下的城管执法困境研究[D].天津大学硕士论文，2013.

[50] 刘晓斌.浅析我国公共管理中行政成本控制与政府效率提高[J].企业研究，2012（10）.

[51] 刘晔，胡位钧.城市行政执法问题研究：以上海为例[J].中共福建省委党校学报，2005（3）.

[52] 刘智仁，徐炯.城管执法难的法律根源及其路径创新[J].城市管理理论探讨，2011（6）.

[53] 陆健，周骞.温州：用市场化实现摊贩自我管理[N].光明日报，2009-01-22（8）.

[54] 罗新安.社区居委会"去行政化"的思考[N].珠海特区报，2013-03-28（4）.

[55] 吕晓东.城市民生与小商贩治理思路[J].上饶师范学院学报，2007（4）.

[56] 马立诚.管理小贩很复杂吗？[J].中国新闻周刊，2007（6）.

[57] 苗延波.商法总则立法研究[M].北京：知识产权出版社，2008.

[58] 莫于川.从城市管理走向城市治理：完善城管综合执法体制的路径选择[J].哈尔滨工业大学学报（社会科学版），2013（6）.

[59] 莫于川.从单一城管执法走向城市共同治理——我国城管综合执法的现代化路径选择[A]//国家治理的现代化与软法国际研讨会论文集[G].2014.

[60] 宁志超.以和谐理念指导城市符理行政执法的思考和实践[J].上海市容，2005（6）.

[61] 牛汝宝.城市化进程中的流动摊贩治理研究[D].天津大学硕士论文，2013.

［62］潘登科，张蕾.流动商贩治理模式研究［J］.首都经济贸易大学学报，2010（3）.

［63］阮占江.进货记录票据凭证须保存两年［N］.法制日报，2012-12-17（6）.

［64］沈文丽.浅议家庭服务中社区管理与工商登记管理的对接配套机制［N］.江苏经济报，2011-10-24（3）.

［65］沈跃春.党对社会建设的理论创新［J］.北京支部生活，2011（10）.

［66］沈跃春.论党的群众路线与社会治理创新［J］.当代世界与社会主义，2014（4）.

［67］石磊，陈伟，谢剑波.六位一体：流动商贩治理的公共服务模式探究［J］.企业家天地，2012（4）.

［68］石亚军，施正文.探索推行大部制改革的几点思考［J］.中国行政管理，2008（2）.

［69］史玉方.基于"两暴"现象的城市小摊贩治理模式的研究［J］.承德民族师专学报，2010（6）.

［70］松波仁一郎.日本商法论［M］.郑钊，译.北京：中国政法大学出版社，2005.

［71］孙海波.从治安学的研究看社区警务［J］.吉林公安高等专科学校学报，2004（8）.

［72］孙俊.商事留置权的法律问题研究［D］.华东政法大学硕士论文，2012.

［73］孙在丽.农产品质量安全政策执行偏差研究［D］.山东大学硕士论文，2009.

［74］唐钧.社会治理与政社分开［J］.党政研究，2015（1）.

[75] 滕朝阳.破除壁垒让人民自由迁徙[N].太原日报,2014-08-08(4).

[76] 田显俊.对社区警务基本思想的几点思考[J].四川警官高等专科学校学报,2003(4).

[77] 托克维尔.论美国的民主[M].董果良,译.北京:商务印书馆,1997.

[78] 王保树.商法总论[M].北京:清华大学出版社,2007.

[79] 王东莉.流动摊贩经营权规制研究[D].南京大学硕士论文,2011.

[80] 王国琪.从社会管理到社会治理是重大理论和实践创新[N].西安日报,2014-03-15(4).

[81] 王京生.论文化治理与文化权利中国文化报,2014-11-19(1).

[82] 王洛忠,刘金发,宗菊.城市街头摊贩:非正规就业与公共政策回应[J].新视野,2006(2).

[83] 王朋兵.新时期创新社会治理思路要求[J].巢湖学院学报,2014(3).

[84] 王小华.目前小商贩管理过程中存在的问题及解决对策[J].现代经济信息,2011(11).

[85] 王晓燕.协作自治:摊贩治理的昆山之道[J].决策,2014(4).

[86] 王亚新.公共选择视角下的城市流动商贩管理[J].当代经济管理,2009(8).

[87] 王洋.城市小摊贩,宜"疏"不宜"堵"[J].市场研究,2008(5).

[88] 王翼.上海城市竹理综合执法改革透视[J].城市管理,2005(10).

[89] 王征.都市里地摊何去何从?[J].走向世界,2014(10).

[90] 威廉·A.哈维兰.当代人类学[M].王铭铭,译.上海:上海人民出版社,1987.

[91] 吴华.促进"和谐城管"的利益平衡分析——以流动摊贩管理为例[D].

复旦大学硕士论文，2008.

[92] 吴佳丽.当权力遭遇弱者：城市流动摊贩治理中的行为逻辑——基于11市城管执法支队的个案分析[D].北京理工大学硕士论文，2009.

[93] 吴嘉杰.管制思维为什么不可持续[N].东莞日报，2012-03-19（6）.

[94] 吴清.武汉市工商局15条新举措服务自主创新示范区建设[N].长江日报，2010-06-21（4）.

[95] 吴清.推进社区"一照式"备案管理[N].长江日报，2011-09-29（4）.

[96] 吴涛，周强.广东新规：食品小摊贩有望合法化[J].新华每日电讯，2014（7）.

[97] 吴兴南，孙月红.从群众的意愿出发推进社会治理创新[J].福建省社会主义学院学报，2014（6）.

[98] 武汉市工商局.硚口分局探索建立社区"一照式"备案管理的做法[J].工商行政管理，2010（5）.

[99] 徐善登.城管形象重塑的治理之维——一种有限治理的视角[J].消费导刊，2011（1）.

[100] 徐玮.论科塞功能冲突论及其安全阀理论在我国的应用[J].广西青年干部学院学报，2007（4）.

[101] 许天福，曾小聪.加强基层民政执法工作探析——以厦门市为例[J].中国民政，2011（6）.

[102] 许显辉.论食品生产加工小作坊和食品摊贩管理法治化[J].行政法学研究，2013（5）.

[103] 许显辉.论食品生产加工小作坊和食品摊贩管理法治化[J].行政法学研究，2013（5）.

[104] 燕继荣.社区治理与社会资本投资——中国社区治理创新的理论解释[J].天津社会科学,2010(3).

[105] 杨冠琼,刘雯雯.公共问题与治理体系——国家治理体系与能力现代化的问题基础[J].中国行政管理,2014(1).

[106] 杨广工."四大工程"升级窗口服务[N].扬州日报,2011-12-13(2).

[107] 杨介聪.城贩组织化及其自我管理问题研究——以"温州摊贩公司"为例[D].复旦大学硕士论文,2009.

[108] 杨滔.北京街头零散商摊空间初探[J].华中建筑,2003(6).

[109] 杨卫东.江苏推进工商注册便利化的探索实践[N].中国工商报,2014-04-29(2).

[110] 杨彦."标准化执法"欲破城管困局[N].中国改革报,2009-11-25(6).

[111] 杨玉荣.完善以宪法为核心的中国特色社会主义法律体系[J].奋斗,2014(11).

[112] 张德江.完善以宪法为核心的中国特色社会主义法律体系[J].中国人大,2014(11).

[113] 张冬来.流动摊贩的法律地位和监管方式的分析与对策[J].城建监察,2011(2).

[114] 张国平,章灿钢.城市流动摊贩符理:治理模式的转与实现条件[J].晋阳学刊,2008(5).

[115] 张李立.问题与对策:流动摊贩的治理研究[D].苏州大学硕士论文,2013.

[116] 张敏杰.社会经济发展中的弱势群体及其社会支持[J].浙江学刊,2003(3).

[117] 张一驰. 我国城市流动摊贩的治理困境与对策研究 [D]. 南京理工大学硕士论文, 2014.

[118] 张英魁, 刘兴鹏. 城乡二元结构视阈中城市流动商贩的治理 [J]. 行政论坛, 2009 (4).

[119] 张玉磊. 非政府组织参与城管执法的意义与现实障碍 [J]. 城管天地, 2009 (1).

[120] 章宁旦. 引入登记管理制小作坊小摊贩有望身份合法 [N]. 法制日报, 2014-07-12 (6).

[121] 赵晨梦, 关婷婷, 麦慧, 等. "街头食品"质量安全问题调研 [J]. 经济法学评论, 2013 (12).

[122] 赵洁. 我国城市流动商贩的分类治理模式探究 [D]. 西北大学硕士论文, 2011.

[123] 赵天宇, 程文. 哈尔滨城市社区农贸市场的环境行为研究 [J]. 哈尔滨工业大学学报, 2004 (4).

[124] 赵文琦. 小商贩法律地位研究 [D]. 西南政法大学硕士论文, 2012.

[125] 赵英军, 黄华侨. 地摊背后的博弈 [J]. 商业经济与管理, 2000 (10).

[126] 郑杭生. 社会学概论新修 [M]. 北京: 中国人民大学出版社, 1998.

[127] 中共中央关于全面深化改革若干重大问题的决定 [N]. 人民日报, 2013-11-16 (1).

[128] 中共中央关于全面推进依法治国若干重大问题的决定 [N]. 人民日报, 2014-10-29 (1).

[129] 中国共产党第十八届中央委员会第三次全体会议公报 [N]. 人民

日报，2013-12-10（1）.

［130］钟岷源.个体户遭遇"制度性冷漠"［J］.南风窗双周刊，2011（11）.

［131］周伦.走向精细化的基层社会管理创新——湖北省宜昌市社会管理工作介评［J］.长江论坛，2013（2）.

［132］周昕.社会管理创新视域下的小商贩治理模式比较研究——以武汉、北京和广州为例［J］.湖北社会科学，2013（9）.

［133］周昕.社区小商贩社会管理创新机制及对策研究——以武汉市为例［J］.武汉大学学报（哲学社会科学版），2013（5）.

［134］邹谨，曲宏歌.十七大以来胡锦涛对科学发展观的丰富和发展［J］.天津市社会主义学院学报，2013（6）.

二、外文文献

［1］Anjaria J.S.Street Hawkers and Public Space in Mumbai［M］.Economic and Political Weekly，2006（5）.

［2］Bhowik.Street Vendors in Asia：a Review［J］.Economic and Political Weekly，2005（22）.

［3］Brata A.G.Vulnerability of Urban Informal Sector：Street Vendors in Yogyakarta, Indonesia［D］.MPRA Paper，2008.

［4］Bromley Ray.Street Vending and Public Policy：a Global Review［J］.International Journal of Sociology and Social Policy，2000（20）.

［5］Chan Kam Wing，Will Buckingham.Is China Abolishing the Hukou System？［J］.The China Quarterly，2008（6）.

［6］Cohen Monique.Women and the Urban Street food Trade：Some implications for Policy［G］.Working Paper No.55，1986.

[7] Donovan M.G.Informal Cities and the Contestation of Public Space: the Case of Bogota Street Vendors 1988-2003 [J].Crban Study, 2008 (45).

[8] Geertz Clifford.Peddlers and Princes: Social Change and Economic Modernization in Two Indonesian Towns [M].The University of Chicago Press, 1963.

[9] Illy H.F.Regulation and Evasion: Street-vendors in Manila [J].Policy Sciences, 1986 (19).

[10] John Cross.Street Entrepreneur: People, Place & Politics in Local and Global Perspective [M].Rutledge, 2007.

[11] Lawrenoe P.G, Castro San.Government Intervention in Street Vending Activities in Guayaquil.Ecuador: A Case Study of Vendors in the Municipal Markets. [M].Problemas del Desarrollo, 2009.

[12] Lindell lld, Jenny Appelblad.Disabling Governance: Privatization of City Markets and Implications for Vendors' Associations in Kampala [J].Habitat International, 2009 (33).

[13] Luise Weiss.Small Business and the Public Library: Strategies for a Successful Partnership [M].Amer Library Assn Editions, 2011.

[14] McGee T.G.Hawkers in Hong Kong: A Study of Planning and Policy in a Third World City [M].Center of Asian Studies.University of Hong Kong, 1973.

[15] Mnraya W.K.Urban Planning and Small-Scale Enterprises in Nairobi [J].Habitat International, 2006 (30).

[16] Nakanishi Torn.The Market in the Urban Informal Sector: a Case Study in Metro Manila The Philippines[J].The Developing Economies, 1990(28).

[17] Pena Sergio.Informal Markets: Street Vendors in Mexico City [J].

Habitat International, 1999 (23).

[18] Regina Austin.An Honest Living: street vendors, Municipal Regulation and the Black Public Sphere [J].The Yale Law Journal, 1994 (10).

[19] Rogerson C.M.The Underdevelopment of the informal Sector: Street Hawking in Johannesburg [J].Crban Geography, 1988 (9).

[20] Sharit Bhowmik. Street Vendors and the Global Urban Economy [M]. Rutledge Publishing, 2009.

[21] Shelia Wanjiru, Kamunyori.A Growing Space for Dialogue: the Case of Street Vending in Nairobi's Central Business District [D].Submitted for the Degree of Master in City Planning at the Massachusetts Institute of Technology, 2007.

[22] Smart Josephine.The impact of Government Policy on Hawkers: a Study of the Effects of Establishing a Hawker Permitted Place [J].Asian Journal of Public Administration, 1986 (16).

[23] Vinish Kathuria, Tomas sterner.Monitoring and enforcement: Is two-tier regulation robust ? A case study of Ankles war [J].Ecological Eeonomies, 2004 (57).

[24] Yasmeen Gisele.Stockbrokers Turned Sandwich Vendors: the Economic Crisis and Small-Scale food Retailing in Southeast Asia [J].Geoforum, 2001 (32).

[25] Yeung Y.M, McGee T.G..Hawkers in Southeast Asian Cities: Planning for the Bazaar Economy [M].International Development Research Center (Ottawa), 1997.